# Delicii Thai
## O Călătorie Culinara în Aromele Thailandei

Elena Vasilescu

# Rezumat

*Creveți cu sos de litchi* ............... *11*
*Creveți prăjiți cu mandarină* ............... *12*
*Creveți Cu Mangetout* ............... *13*
*Creveți cu ciuperci chinezești* ............... *14*
*Creveți prăjiți și fasole* ............... *15*
*Creveți cu chutney de mango* ............... *16*
*Chifteluțe de creveți prăjite cu sos de ceapă* ............... *17*
*Creveți mandarine cu fasole* ............... *18*
*Creveți Peking* ............... *19*
*Creveți cu boia* ............... *20*
*Creveți prăjiți cu carne de porc* ............... *21*
*Creveți prăjiți cu sos de sherry* ............... *22*
*Creveți cu susan prăjiți* ............... *24*
*Creveți prăjiți cu scoici* ............... *25*
*Creveți moi prăjiți* ............... *26*
*Tempura de creveți* ............... *26*
*Sub cauciuc* ............... *27*
*Creveți cu tofu* ............... *28*
*Creveți cu roșii* ............... *29*
*Creveți cu sos de roșii* ............... *30*
*Creveți cu roșii și sos chilli* ............... *31*
*Creveti prajiti cu sos de rosii* ............... *32*
*Creveți cu legume* ............... *33*
*Creveți cu castane de apă* ............... *34*
*Wonton de creveți* ............... *35*
*Abalone cu pui* ............... *36*
*Abalone cu sparanghel* ............... *37*
*Abalone cu ciuperci* ............... *39*
*Abalone cu sos de stridii* ............... *40*
*Scoici la abur* ............... *40*
*Sandwich cu muguri de fasole* ............... *41*
*sandviș cu ghimbir și usturoi* ............... *42*

*Scoici prăjite* .................................................................................... *43*
*Prajituri de crab* ............................................................................... *44*
*Crema de crab* .................................................................................. *45*
*Carne de crab chinezesc cu frunze* .................................................. *46*
*Foo Yung Crab cu muguri de fasole* ................................................ *47*
*Crab ghimbir* .................................................................................... *48*
*Crab Lo Mein* ................................................................................... *49*
*Crab prajit cu carne de porc* ............................................................ *50*
*Carne de crab prăjită* ....................................................................... *51*
*Chifteluțe de calmar prăjite* ............................................................. *52*
*homar cantonez* ................................................................................ *53*
*Homar prajit* ..................................................................................... *54*
*Homar la abur cu sunca* ................................................................... *55*
*Homar cu ciuperci* ............................................................................ *56*
*Cozi de homar cu carne de porc* ...................................................... *57*
*Homar prajit* ..................................................................................... *58*
*Cuib de homar* .................................................................................. *60*
*Midiile in sos de fasole neagra* ........................................................ *61*
*Midiile cu ghimbir* ............................................................................ *62*
*midii la abur* ..................................................................................... *63*
*Stridii prăjite* .................................................................................... *64*
*Stridii cu bacon* ................................................................................ *65*
*Stridii prăjite cu ghimbir* .................................................................. *66*
*Stridii cu sos de fasole neagră* ......................................................... *67*
*Scoici cu muguri de bambus* ............................................................ *68*
*Scoici cu ou* ...................................................................................... *69*
*Scoici cu broccoli* ............................................................................. *70*
*Scoici cu ghimbir* .............................................................................. *72*
*Scoici cu șuncă* ................................................................................. *73*
*Scoici cu ierburi amestecate* ............................................................ *74*
*Midii și ceapă prăjite* ....................................................................... *75*
*Scoici cu legume* ............................................................................... *76*
*Scoici cu boia* ................................................................................... *77*
*Caracatiță cu muguri de fasole* ....................................................... *78*
*Caracatiță prăjită* ............................................................................ *79*
*Pachete de caracatiță* ...................................................................... *80*

*Calamari prajiti* ............................................................................ 82
*Caracatiță prăjită* ........................................................................ 83
*Caracatiță cu ciuperci uscate* ..................................................... 84
*Caracatiță Cu Legume* ................................................................ 85
*Carne de vita fiarta cu anason* ................................................... 86
*Carne de vită cu sparanghel* ....................................................... 87
*Carne de vită cu muguri de bambus* ........................................... 88
*Carne de vită cu muguri de bambus și ciuperci* .......................... 89
*Carne de vită chinezească* .......................................................... 90
*Carne de vită cu muguri de fasole* .............................................. 91
*Carne de vită cu broccoli* ............................................................ 92
*Carne de susan cu broccoli* ......................................................... 93
*Carne de vită la grătar* ................................................................ 95
*Carne de vită cantoneză* .............................................................. 96
*Carne de vită cu morcovi* ............................................................ 97
*Carne de vită cu caju* .................................................................. 98
*Carne de vită la cuptorul lent* ..................................................... 99
*Carne de vită cu conopidă* ........................................................ 100
*Carne de vită cu țelină* .............................................................. 101
*Felii de vita prajite cu telina* ..................................................... 102
*Felii de vita cu pui si telina* ...................................................... 103
*Carne de vită cu chilli* ............................................................... 104
*Carne de vită cu varză chinezească* .......................................... 106
*Carne de vită Suey* .................................................................... 107
*Carne de vită cu castraveți* ....................................................... 108
*Chow Mein de vită* .................................................................... 109
*Friptură de castraveți* ................................................................ 111
*Roast beef curry* ........................................................................ 112
*Midii marinate* .......................................................................... 113
*Lăstarii de bambus aburiți* ........................................................ 114
*Pui cu castraveți* ....................................................................... 115
*Pui cu susan* .............................................................................. 116
*Lichi cu ghimbir* ....................................................................... 117
*Aripioare de pui fierte în roșu* .................................................. 118
*Carne de crab cu castraveți* ...................................................... 119
*ciuperci marinate* ...................................................................... 120

| | |
|---|---|
| Ciuperci cu usturoi marinate | 121 |
| Creveți și conopidă | 122 |
| Bețișoare de șuncă de susan | 123 |
| Tofu rece | 124 |
| Bacon de pui | 125 |
| Chips de pui și banane | 126 |
| Pui cu ghimbir si ciuperci | 127 |
| Pui și șuncă | 129 |
| Ficat de pui la gratar | 130 |
| Biluțe de crab cu castan de apă | 131 |
| Dim sum | 132 |
| Rulouri cu șuncă și pui | 133 |
| Șuncă prăjită | 135 |
| Pește artificial afumat | 136 |
| Ciuperci prajite | 138 |
| Ciuperci în sos de stridii | 139 |
| Rulouri de porc și salată | 140 |
| Chiftele de porc și castane | 142 |
| Chiflă de porc | 143 |
| Chiftele de porc și vițel | 144 |
| Creveți fluture | 145 |
| creveți chinezești | 146 |
| Norul Dragonului | 147 |
| Creveți crocanți | 148 |
| Creveți cu sos de ghimbir | 149 |
| Rulouri cu creveți și tăiței | 150 |
| pâine cu creveți | 152 |
| Wonton de porc și creveți cu sos dulce-acru | 153 |
| Supa de pui | 155 |
| Supă de porc și muguri de fasole | 156 |
| Ciorbă fericită de pasăre și ciuperci | 157 |
| Supă de pui și sparanghel | 159 |
| Supa de vită | 160 |
| Supă chinezească de vită și frunze | 161 |
| Supă de varză | 162 |
| Supa picanta de vita | 163 |

| | |
|---|---|
| Supa cerească | 165 |
| Supă cu pui și muguri de bambus | 166 |
| Supă de pui și porumb | 167 |
| Supă de pui și ghimbir | 168 |
| Supă de pui cu ciuperci chinezești | 169 |
| Supă de pui și orez | 170 |
| Supă de pui și nucă de cocos | 171 |
| Supă de scoici | 172 |
| Supă de ouă | 173 |
| Ciorbă de crab și scoici | 174 |
| Supă de crabi | 176 |
| Ciorba de peste | 177 |
| Supă de pește și cap | 178 |
| Supă de ghimbir cu găluște | 180 |
| Supă fierbinte și acră | 181 |
| Supa de ciuperci | 182 |
| Ciorba de ciuperci si varza | 183 |
| Supa de ciuperci | 184 |
| Supă apoasă de ciuperci și castane | 185 |
| Supă de porc și ciuperci | 186 |
| Supă de porc și cireșe | 187 |
| Supă de porc și castraveți | 188 |
| Supă cu chifteluțe și tăiței | 189 |
| Supă de spanac și tofu | 190 |
| Supă de porumb dulce și crab | 191 |
| Supă de Szechuan | 192 |
| Supă de tofu | 194 |
| Supă de tofu și pește | 195 |
| supă de roșii | 196 |
| Supă de roșii și spanac | 197 |
| Supa de napi | 198 |
| Potaje | 199 |
| Supa de legume | 200 |
| Supa de nasturel | 201 |
| Pește prăjit cu legume | 202 |
| Pește întreg copt | 204 |

Pește de soia la abur ........................................................ 205
Pește de soia cu sos de stridii .......................................... 206
Biban prăjit ....................................................................... 208
Pește fiert cu ciuperci ...................................................... 209
Pește dulce și acru ........................................................... 211
Pește umplut cu carne de porc ......................................... 213
Crap picant la abur .......................................................... 215

## Creveți cu sos de litchi

Porti 4

*ceașcă standard de 50 g / 2 oz / ¬Ω (universală)*

*Grâu*

*2,5 ml / ¬Ω linguriță de sare*

*1 ou, batut usor*

*30 ml / 2 linguri de apă*

*450 g creveți decojiți*

*uleiul prajit*

*30 ml / 2 linguri ulei de arahide (arahide).*

*2 felii de rădăcină de ghimbir, tocate*

*30 ml / 2 linguri de otet*

*5 ml/1 lingurita de zahar*

*2,5 ml / ¬Ω linguriță de sare*

*15 ml/1 lingura sos de soia*

*200 g lichi conservat, scurs*

Bateți făina, sarea, oul și apa într-un aluat, adăugând puțină apă dacă este necesar. Se amestecă cu creveți până se îmbracă bine. Se incinge uleiul si se prajesc crevetii cateva minute pana devin crocante si aurii. Se scurge pe hartie de bucatarie si se aseaza pe o farfurie calda. Între timp, încălziți uleiul și prăjiți ghimbirul timp de 1 minut. Adăugați oțet, zahăr, sare și sos de soia.

Adăugați litchiul și amestecați până când se încălzesc și sunt acoperiți cu sos. Se toarnă peste creveți și se servește imediat.

*Creveți prăjiți cu mandarină*

Porti 4

*60 ml / 4 linguri ulei de arahide (arahide).*
*1 cățel de usturoi, presat*
*1 felie radacina de ghimbir, tocata*
*450 g creveți decojiți*
*30 ml / 2 linguri vin de orez sau sherry uscat 30 ml / 2 linguri sos de soia*
*15 ml / 1 lingură făină de porumb (amidon de porumb)*
*45 ml / 3 linguri de apă*

Încinge uleiul și prăjește usturoiul și ghimbirul până devin aurii. Adăugați creveții și amestecați timp de 1 minut. Adăugați vinul sau sherry și amestecați bine. Adăugați sosul de soia, amidonul de porumb și apa și amestecați timp de 2 minute.

*Creveți Cu Mangetout*

Porti 4

*5 ciuperci chinezești uscate*

*225 g muguri de fasole*

*60 ml / 4 linguri ulei de arahide (arahide).*

*5 ml/1 lingurita de sare*

*2 tulpini de telina, tocate*

*4 cepe primare (castron), tocate*

*2 catei de usturoi, macinati*

*2 felii de rădăcină de ghimbir, tocate*

*60 ml / 4 linguri de apă*

*15 ml/1 lingura sos de soia*

*15 ml / 1 lingura vin de orez sau sherry uscat*

*225 g / 8 oz Mangetout (mazăre de zăpadă)*

*225 g creveți decojiți*

*15 ml / 1 lingură făină de porumb (amidon de porumb)*

Înmuiați ciupercile în apă caldă timp de 30 de minute, apoi scurgeți-le. Scoateți tulpinile și tăiați capacele. Se albesc mugurii de fasole în apă clocotită timp de 5 minute, apoi se scurg bine. Se încălzește jumătate din ulei și se prăjește sarea, țelina, ceapa primăvară și mugurii de fasole timp de 1 minut, apoi se scot din tigaie. Se încălzește uleiul rămas și se prăjește usturoiul și ghimbirul până devin aurii. Adăugați jumătate din apă, sosul de soia, vinul sau sherry, cartofii și creveții, aduceți la fiert și gătiți timp de 3 minute. Amestecați amidonul de porumb și apa rămasă până obțineți o pastă, adăugați în tigaie și fierbeți, amestecând, până se îngroașă sosul. Întoarceți legumele în tigaie, gătiți până se înmoaie. Serviți imediat.

*Creveți cu ciuperci chinezești*

Porti 4

*8 ciuperci chinezești uscate*
*45 ml / 3 linguri ulei de arahide (arahide).*
*3 felii de rădăcină de ghimbir, tocate*
*450 g creveți decojiți*
*15 ml/1 lingura sos de soia*
*5 ml/1 lingurita de sare*
*60 ml / 4 linguri supa de peste*

Înmuiați ciupercile în apă caldă timp de 30 de minute, apoi scurgeți-le. Scoateți tulpinile și tăiați capacele. Se încălzește jumătate din ulei și se prăjește ghimbirul până devine auriu.

Adăugați creveții, sosul de soia și sarea și amestecați până când sunt acoperiți cu ulei, apoi scoateți din tigaie. Se încălzește uleiul rămas și se prăjesc ciupercile până se îmbină cu ulei. Adăugați bulionul, aduceți la fierbere, acoperiți și fierbeți timp de 3 minute. Puneți creveții înapoi în tigaie și amestecați până sunt bine încălziți.

*Creveți prăjiți și fasole*

Porti 4

*450 g creveți decojiți*

*5 ml / 1 linguriță ulei de susan*

*5 ml/1 lingurita de sare*

*30 ml / 2 linguri ulei de arahide (arahide).*

*1 cățel de usturoi, presat*

*1 felie radacina de ghimbir, tocata*

*225 g mazăre albă sau congelată, decongelată*

*4 cepe primare (castron), tocate*

*30 ml / 2 linguri de apă*

*sare si piper*

Amestecați creveții cu ulei de susan și sare. Încinge uleiul și prăjește usturoiul și ghimbirul timp de 1 minut. Adăugați creveții și prăjiți timp de 2 minute. Adăugați fasolea și amestecați timp de 1 minut. Se adauga ceapa primavara si apa si se condimenteaza cu sare si piper si putin ulei de susan dupa gust. Reîncălziți înainte de servire, amestecând ușor.

*Creveți cu chutney de mango*

Porti 4

*12 creveți*

*sare si piper*

*suc de 1 lămâie*

*30 ml / 2 linguri faina de porumb (amidon de porumb)*

*1 mango*

*5 ml/1 linguriță de pudră de muștar*

*5 ml/1 lingurita de miere*

*30 ml/2 linguri de crema de cocos*

*30 ml / 2 linguri de curry blând*

*120 ml / 4 fl oz / ¬Ω cană de supă de pui*

*45 ml / 3 linguri ulei de arahide (arahide).*

*2 catei de usturoi, tocati*
*2 cepe primare (ceapa tocata).*
*1 fenicul, tocat*
*100 g chutney de mango*

Curățați creveții și lăsați coada intactă. Stropiți cu sare, piper și suc de lămâie, apoi stropiți cu jumătate din amidon de porumb. Curățați mango, tăiați pulpa din piatră și apoi cubulețe. Se amestecă muștarul, mierea, crema de cocos, praful de curry, amidonul de porumb rămas și se aduce la fierbere. Se încălzește jumătate din ulei și se prăjește usturoiul, ceapa primăvară și feniculul timp de 2 minute. Se toarnă bulionul, se aduce la fierbere și se fierbe timp de 1 minut. Adăugați cuburile de mango și chutney și încălziți la foc mic, apoi transferați pe o farfurie caldă de servire. Se încălzește uleiul rămas și se prăjește creveții timp de 2 minute. Așezați-le deasupra legumelor și serviți imediat.

*Chiftelute de creveți prăjite cu sos de ceapă*

Porti 4

*3 oua, batute usor*

*45 ml / 3 linguri făină (toate scopuri).*

*sare si piper proaspat macinat*

*450 g creveți decojiți*

*uleiul prajit*

*15 ml/1 lingura ulei de arahide (arahide).*

*2 cepe, tocate*

*15 ml / 1 lingură făină de porumb (amidon de porumb)*

*30 ml/2 linguri de sos de soia*

*175 ml / 6 fl oz / ¬œ cană apă*

Se amestecă ouăle, făina, sare și piper. Înmuiați creveții în aluat. Se incinge uleiul si se prajesc crevetii pana devin aurii. Între timp, încălziți uleiul și prăjiți ceapa în el timp de 1 minut. Se amestecă celelalte ingrediente până obții o pastă, se adaugă ceapa și se fierbe, amestecând continuu, până se îngroașă sosul. Scurgeți creveții și aranjați pe o farfurie caldă. Se toarnă peste sos și se servește imediat.

*Creveți mandarine cu fasole*

Porti 4

*60 ml / 4 linguri ulei de arahide (arahide).*

*1 cățel de usturoi, tocat*

*1 felie radacina de ghimbir, tocata*

*450 g creveți decojiți*

*30 ml / 2 linguri de vin de orez sau sherry uscat*

*225 g mazăre congelată, decongelată*

*30 ml/2 linguri de sos de soia*

*15 ml / 1 lingură făină de porumb (amidon de porumb)*

*45 ml / 3 linguri de apă*

Încinge uleiul și prăjește usturoiul și ghimbirul până devin aurii. Adăugați creveții și amestecați timp de 1 minut. Adăugați vinul sau sherry și amestecați bine. Adăugați fasolea și amestecați timp de 5 minute. Adăugați celelalte ingrediente și amestecați timp de 2 minute.

Creveți Peking

Porti 4

*30 ml / 2 linguri ulei de arahide (arahide).*

*2 catei de usturoi, macinati*

*1 felie radacina de ghimbir, tocata marunt*

*225 g creveți decojiți*

*4 cepe de primăvară (cepe), feliate groase*

*120 ml / 4 fl oz / ¬Ω cană de supă de pui*

*5 ml/1 lingurita de zahar brun*

*5 ml / 1 linguriță sos de soia*

*5 ml / 1 linguriță sos hoisin*

*5 ml / 1 lingurita sos Tabasco*

Se încălzeşte uleiul cu usturoiul şi ghimbirul şi se prăjeşte până când usturoiul devine uşor auriu. Adăugaţi creveţii şi amestecaţi timp de 1 minut. Adăugaţi ceapa primăvară şi prăjiţi timp de 1 minut. Adăugaţi restul ingredientelor, aduceţi la fiert, acoperiţi şi gătiţi timp de 4 minute, amestecând din când în când. Verificaţi condimentele şi adăugaţi puţin mai Tabasco dacă doriţi.

*Creveți cu boia*

Porti 4

*30 ml / 2 linguri ulei de arahide (arahide).*

*1 ardei verde, tăiat în bucăți*

*450 g creveți decojiți*

*10 ml / 2 linguri faina de porumb (amidon de porumb)*

*60 ml / 4 linguri de apă*

*5 ml / 1 linguriță vin de orez sau sherry uscat*

*2,5 ml / ¬Ω linguriță de sare*

*45 ml / 2 linguri pasta de tomate (paste)*

Se încălzește uleiul și se prăjește ardeiul timp de 2 minute. Adăugați creveții și pasta de roșii și amestecați bine. Se amestecă apa de făină de porumb, vinul sau sherry și sarea într-o pastă, se adaugă în tigaie și se fierbe, amestecând continuu, până când sosul este limpede și gros.

*Creveți prăjiți cu carne de porc*

Porti 4

*225 g creveți decojiți*

*100 g carne slabă de porc, tocată*

*60 ml / 4 linguri de vin de orez sau sherry uscat*

*1 albus de ou*

*45 ml / 3 linguri faina de porumb (amidon de porumb)*

*5 ml/1 lingurita de sare*

*15 ml / 1 lingura de apa (poate fi omis)*

*90 ml / 6 linguri ulei de arahide (arahide).*

*45 ml / 3 linguri supa de peste*

5 ml / 1 linguriță ulei de susan

Puneți creveții și carnea de porc în boluri separate. Amestecați 45 ml / 3 linguri vin sau sherry, albuș de ou, 30 ml / 2 linguri amidon de porumb și sare până obțineți un aluat moale, adăugând apă dacă este necesar. Împărțiți amestecul între carnea de porc și creveți și amestecați bine, astfel încât să fie acoperit uniform. Se încălzește uleiul și se prăjește carnea de porc și creveții pentru câteva minute până se rumenesc. Scoateți din tigaie și turnați totul, cu excepția 15 ml / 1 lingură de ulei. Adăugați bulionul în tigaie cu vinul sau sherry rămasul și amidonul de porumb. Se aduce la fierbere si se fierbe, amestecand continuu, pana se ingroasa sosul. Turnați peste creveți și carne de porc și serviți cu ulei de susan deasupra.

*Creveți prăjiți cu sos de sherry*

Porti 4

*50 g / 2 oz / ¬Ω cană făină simplă (universal).*
*2,5 ml / ¬Ω linguriță de sare*
*1 ou, batut usor*
*30 ml / 2 linguri de apă*

*450 g creveți decojiți*

*uleiul prajit*

*15 ml/1 lingura ulei de arahide (arahide).*

*1 ceapa, tocata marunt*

*45 ml / 3 linguri vin de orez sau sherry uscat*

*15 ml/1 lingura sos de soia*

*120 ml / 4 fl oz / ¬Ω cană de stoc de pește*

*10 ml / 2 linguri faina de porumb (amidon de porumb)*

*30 ml / 2 linguri de apă*

Bateți făina, sarea, oul și apa într-un aluat, adăugând puțină apă dacă este necesar. Se amestecă cu creveți până se îmbracă bine. Se incinge uleiul si se prajesc crevetii cateva minute pana devin crocante si aurii. Se scurge pe hartie de bucatarie si se aseaza pe o farfurie calda. Intre timp se incinge uleiul si se caleste ceapa pana se inmoaie. Adăugați vinul sau sherry, sosul de soia și bulionul, aduceți la fiert și gătiți timp de 4 minute. Se amestecă făina de porumb și apa până se formează o pastă, se adaugă în tigaie și se fierbe, amestecând continuu, până când sosul este limpede și gros. Se toarnă sosul peste creveți și se servește.

*Creveți cu susan prăjiți*

Porți 4

*450 g creveți decojiți*
*½ albuș de ou*
*5 ml / 1 linguriță sos de soia*
*5 ml / 1 linguriță ulei de susan*
*50 g / 2 oz / ½ cană făină de porumb (amidon de porumb)*
*sare si piper alb proaspat macinat*
*uleiul prajit*
*60 ml / 4 linguri de seminte de susan*
*frunze de salata verde*

Amestecați creveții cu albușul de ou, sosul de soia, uleiul de susan, amidonul de porumb, sare și piper. Dacă amestecul este prea gros, adăugați puțină apă. Se incinge uleiul si se prajesc crevetii cateva minute pana devin maro deschis. Între timp, prăjiți scurt semințele de susan într-o tigaie uscată până devin aurii. Scurgeți creveții și amestecați cu semințele de susan. Serviți pe un pat de salată.

*Creveți prăjiți cu scoici*

Porti 4

*60 ml / 4 linguri ulei de arahide (arahide).*
*750 g / 1¬Ω lb creveți în coajă*
*3 cepe primare (castron), tocate*
*3 felii de rădăcină de ghimbir, tocate*
*2,5 ml / ¬Ω linguriță de sare*
*15 ml / 1 lingura vin de orez sau sherry uscat*
*120 ml / 4 fl oz / ¬Ω cană de ketchup (catsup)*
*15 ml/1 lingura sos de soia*
*15 ml/1 lingura de zahar*
*15 ml / 1 lingură făină de porumb (amidon de porumb)*
*60 ml / 4 linguri de apă*

Încinge uleiul și prăjește creveții timp de 1 minut dacă sunt fierți sau până când devin roz dacă sunt cruzi. Adăugați ceapa, ghimbirul, sarea și vinul sau sherry și prăjiți timp de 1 minut. Adăugați ketchup, sosul de soia și zahărul și amestecați timp de 1 minut. Amestecați amidonul de porumb și apa, turnați în tigaie și gătiți, amestecând continuu, până când sosul se limpezește și se îngroașă.

*Creveți moi prăjiți*

Porti 4

*75 g / 3 oz / ¬° ceașcă grămadă făină de porumb (amidon de porumb)*
*1 albus de ou*
*5 ml / 1 linguriță vin de orez sau sherry uscat*
*sare*
*350 g creveți decojiți*
*uleiul prajit*

Bateți amidonul de porumb, albușul de ou, vinul sau sherry și puțină sare într-un aluat gros. Înmuiați creveții în aluat până când sunt bine acoperiți. Se incinge uleiul pana se incinge si se prajesc crevetii cateva minute pana se rumenesc. Scoateți din ulei, încălziți până se încinge, apoi prăjiți din nou creveții până devin crocanți și aurii.

*Tempura de creveți*

Porti 4

*450 g creveți decojiți*
*30 ml / 2 linguri făină (toate scopuri).*
*30 ml / 2 linguri faina de porumb (amidon de porumb)*
*30 ml / 2 linguri de apă*
*2 ouă, bătute*
*uleiul prajit*

Tăiați creveții în jumătate și deschideți-i pentru a forma un fluture. Amestecați făina, amidonul de porumb și apa până se formează un aluat, apoi amestecați oul. Se incinge uleiul si se prajesc crevetii pana devin aurii.

*Sub cauciuc*

Porti 4

*30 ml / 2 linguri ulei de arahide (arahide).*
*2 cepe primare (ceapa tocata).*
*1 cățel de usturoi, presat*
*1 felie radacina de ghimbir, tocata*
*100 g piept de pui, taiat fasii*
*100 g sunca taiata fasii*
*100 g muguri de bambus tăiați în fâșii*
*100 g castane de apă tăiate fâșii*
*225 g creveți decojiți*
*30 ml/2 linguri de sos de soia*

*30 ml / 2 linguri de vin de orez sau sherry uscat*
*5 ml/1 lingurita de sare*
*5 ml/1 lingurita de zahar*
*5 ml / 1 linguriță făină de porumb (amidon de porumb)*

Se încălzeşte uleiul şi se prăjeşte ceapa primăvară, usturoiul şi ghimbirul până devin aurii. Adăugaţi puiul şi amestecaţi timp de 1 minut. Adăugaţi şunca, lăstarii de bambus şi castanele de apă şi amestecaţi timp de 3 minute. Adăugaţi creveţii şi amestecaţi timp de 1 minut. Adăugaţi sos de soia, vin sau sherry, sare şi zahăr şi amestecaţi timp de 2 minute. Amestecaţi amidonul de porumb cu puţină apă, turnaţi în tigaie şi gătiţi, amestecând continuu, timp de 2 minute.

*Creveți cu tofu*

Porti 4

*45 ml / 3 linguri ulei de arahide (arahide).*
*225 g tofu, tăiat cubulețe*
*1 ceapa primavara (ceapa), tocata*
*1 căţel de usturoi, presat*
*15 ml/1 lingura sos de soia*

*5 ml/1 lingurita de zahar*

*90 ml / 6 linguri supa de peste*

*225 g creveți decojiți*

*15 ml / 1 lingură făină de porumb (amidon de porumb)*

*45 ml / 3 linguri de apă*

Se încălzește jumătate din ulei și se prăjește tofu până se rumenește ușor, apoi se scoate din tigaie. Se încălzește uleiul rămas și se prăjește ceapa primăvară și usturoiul până devin aurii. Adăugați sosul de soia, zahărul și bulionul și aduceți la fiert. Adăugați creveții și amestecați timp de 3 minute la foc mic. Se amestecă făina de porumb și apa într-o pastă, se amestecă în tigaie și se lasă să fiarbă, amestecând continuu, până se îngroașă sosul. Întoarceți tofu-ul în tigaie și fierbeți ușor până se încălzește.

*Creveți cu roșii*

Porti 4

*2 albusuri*

*30 ml / 2 linguri faina de porumb (amidon de porumb)*

*5 ml/1 lingurita de sare*

*450 g creveți decojiți*

*uleiul prajit*

*30 ml / 2 linguri de vin de orez sau sherry uscat*

*225 g rosii, curatate de coaja, fara samburi si tocate*

Se amestecă albușurile, amidonul de porumb și sarea. Adăugați creveții până când sunt bine acoperiți. Se incinge uleiul si se prajesc crevetii pana sunt fierti. Se toarnă toate, cu excepția 15 ml/1 lingură de ulei și se încălzește. Adăugați vinul sau sherry și roșiile și aduceți la fiert. Adăugați creveții și reîncălziți rapid înainte de servire.

*Creveți cu sos de roșii*

Porti 4

*30 ml / 2 linguri ulei de arahide (arahide).*
*1 cățel de usturoi, presat*
*2 felii de rădăcină de ghimbir, tocate*
*2,5 ml / ¬Ω linguriță de sare*
*15 ml / 1 lingura vin de orez sau sherry uscat*
*15 ml/1 lingura sos de soia*
*6 ml / 4 linguri sos de rosii (catsup)*
*120 ml / 4 fl oz / ¬Ω cană de stoc de pește*
*350 g creveți decojiți*
*10 ml / 2 linguri faina de porumb (amidon de porumb)*

*30 ml / 2 linguri de apă*

Încinge uleiul și prăjește usturoiul, ghimbirul și sarea timp de 2 minute. Adăugați vin sau sherry, sos de soia, ketchup și bulion și aduceți la fierbere. Adăugați creveții, acoperiți și gătiți timp de 2 minute. Amestecați făina de porumb și apa până se formează o pastă, turnați-o în tigaie și gătiți, amestecând continuu, până când sosul este limpede și gros.

*Creveți cu roșii și sos chilli*

Porti 4

*60 ml / 4 linguri ulei de arahide (arahide).*
*15 ml / 1 lingura de ghimbir macinat*
*15 ml/1 lingura de usturoi tocat*
*15 ml / 1 lingura ceapa primavara tocata*
*60 ml / 4 linguri pasta de tomate (paste)*
*15 ml/1 lingura sos chili*
*450 g creveți decojiți*
*15 ml / 1 lingură făină de porumb (amidon de porumb)*
*15 ml/1 lingura de apa*

Încinge uleiul și prăjește ghimbirul, usturoiul și ceapa primăvară timp de 1 minut. Se adauga pasta de rosii si sosul chili si se amesteca bine. Adăugați creveții și prăjiți timp de 2 minute. Se amestecă făina de porumb și apa până se omogenizează, se adaugă în tigaie și se fierbe până se îngroașă sosul. Serviți imediat.

*Creveti prajiti cu sos de rosii*

Porti 4

*50 g / 2 oz / ¬Ω cană făină simplă (universal).*
*2,5 ml / ¬Ω linguriță de sare*
*1 ou, batut usor*
*30 ml / 2 linguri de apă*
*450 g creveți decojiți*
*uleiul prajit*
*30 ml / 2 linguri ulei de arahide (arahide).*
*1 ceapa, tocata marunt*
*2 felii de rădăcină de ghimbir, tocate*
*75 ml / 5 linguri sos de rosii (catsup)*

*10 ml / 2 linguri faina de porumb (amidon de porumb)*

*30 ml / 2 linguri de apă*

Bateți făina, sarea, oul și apa într-un aluat, adăugând puțină apă dacă este necesar. Se amestecă cu creveți până se îmbracă bine. Se incinge uleiul si se prajesc crevetii cateva minute pana devin crocante si aurii. Scurgeți pe hârtie de bucătărie.

Între timp, încălziți uleiul și prăjiți ceapa și ghimbirul până se înmoaie. Adăugați ketchup și gătiți timp de 3 minute. Se amestecă făina de porumb și apa într-o pastă, se adaugă în tigaie și se fierbe, amestecând, până se îngroașă sosul. Adăugați creveții în tigaie și gătiți până când sunt fierți. Serviți imediat.

*Creveți cu legume*

Porti 4

*15 ml/1 lingura ulei de arahide (arahide).*

*225 g / 8 oz broccoli*

*225 g de ciuperci*

*225 g muguri de bambus, tăiați în felii*

*450 g creveți decojiți*

*120 ml / 4 fl oz / ¬Ω cană de supă de pui*

*5 ml / 1 linguriță făină de porumb (amidon de porumb)*

*5 ml / 1 linguriță sos de stridii*

*2,5 ml / ¬Ω lingurita zahar*

*2,5 ml / ¬Ω linguriță de rădăcină de ghimbir rasă*

*un praf de piper proaspat macinat*

Încinge uleiul și prăjește broccoli timp de 1 minut. Adăugați ciupercile și lăstarii de bambus și amestecați timp de 2 minute. Adăugați creveții și prăjiți timp de 2 minute. Se amestecă celelalte ingrediente și se adaugă la amestecul de creveți. Se aduce la fierbere, amestecând constant, apoi se fierbe timp de 1 minut.

*Creveți cu castane de apă*

Porti 4

*60 ml / 4 linguri ulei de arahide (arahide).*

*1 cățel de usturoi, tocat*

*1 felie radacina de ghimbir, tocata*

*450 g creveți decojiți*

*30 ml / 2 linguri vin de orez sau sherry uscat 225 g / 8 oz castane de apă, feliate*

*30 ml/2 linguri de sos de soia*

*15 ml / 1 lingură făină de porumb (amidon de porumb)*

*45 ml / 3 linguri de apă*

Încinge uleiul şi prăjeşte usturoiul şi ghimbirul până devin aurii. Adăugaţi creveţii şi amestecaţi timp de 1 minut. Adăugaţi vinul sau sherry şi amestecaţi bine. Se adauga castanele de apa si se prajesc 5 minute. Adăugaţi celelalte ingrediente şi amestecaţi timp de 2 minute.

Wonton de creveți

Porti 4

*450 g creveți decojiți, tăiați*

*225 g legume amestecate, tocate*

*15 ml/1 lingura sos de soia*

2,5 ml / ¬Ω linguriță de sare

câteva picături de ulei de susan

40 de piei wonton

uleiul prajit

Amestecați creveții, legumele, sosul de soia, sarea și uleiul de susan.

Pentru a împături wonton-urile, țineți pielea în palma mâinii stângi și turnați o parte din umplutură în centru. Umeziți marginile cu ou și pliați pielea într-un triunghi și sigilați marginile. Umeziți colțurile cu ou și ondulați-le împreună.

Se încălzește uleiul și se prăjesc wontonurile câte puțin până devin aurii. Scurgeți bine înainte de servire.

*Abalone cu pui*

Porti 4

*400 g midii la cutie*

*30 ml / 2 linguri ulei de arahide (arahide).*

*100 g piept de pui, taiat cubulete*

*100 g muguri de bambus, tăiați în felii*

*250 ml / 8 fl oz / 1 cană bulion de pește*

*15 ml / 1 lingura vin de orez sau sherry uscat*

*5 ml/1 lingurita de zahar*

*2,5 ml / ¬Ω linguriță de sare*

*15 ml / 1 lingură făină de porumb (amidon de porumb)*

*45 ml / 3 linguri de apă*

Scurgeți și tocați midiile, rezervând sucul. Încinge uleiul și prăjește puiul până se rumenește deschis. Adăugați midiile și lăstarii de bambus și amestecați timp de 1 minut. Adăugați lichidul de scoici, bulionul, vinul sau sherry, zahărul și sarea, aduceți la fiert și gătiți timp de 2 minute. Amestecați făina de porumb și apa până se formează o pastă și gătiți, amestecând continuu, până când sosul este limpede și gros. Serviți imediat.

*Abalone cu sparanghel*

Porti 4

*10 ciuperci chinezești uscate*

*30 ml / 2 linguri ulei de arahide (arahide).*

*15 ml/1 lingura de apa*

*225 g sparanghel*

*2,5 ml / ¬Ω lingurita sos de peste*

*15 ml / 1 lingură făină de porumb (amidon de porumb)*

*225 g / 8 oz abalone conservat, feliat*

*60 ml / 4 linguri de bulion*

*¬Ω morcov mic, tăiat în felii*

*5 ml / 1 linguriță sos de soia*

*5 ml / 1 linguriță sos de stridii*

*5 ml / 1 linguriță vin de orez sau sherry uscat*

Înmuiați ciupercile în apă caldă timp de 30 de minute, apoi scurgeți-le. Aruncați tulpinile. Se încălzesc 15 ml/1 lingură de ulei cu apă și se prăjesc capacele de ciuperci timp de 10 minute. Intre timp, gatiti sparanghelul in apa clocotita cu sos de peste si 5 ml/1 lingurita amidon de porumb pana se inmoaie. Se scurge bine si se aseaza pe un vas cald impreuna cu ciupercile. Păstrați-le calde. Se încălzește uleiul rămas și se prăjesc midiile pentru câteva secunde, apoi se adaugă bulionul, morcovii, sosul de soia, sosul de stridii, vinul sau sherry și amidonul de porumb rămas. Gatiti aproximativ 5 minute pana se fierbe, apoi turnati peste sparanghel si serviti.

*Abalone cu ciuperci*

Porti 4

*6 ciuperci chinezești uscate*
*400 g midii la cutie*
*45 ml / 3 linguri ulei de arahide (arahide).*
*2,5 ml / ¬Ω linguriță de sare*
*15 ml / 1 lingura vin de orez sau sherry uscat*
*3 cepe primare (castron), feliate groase*

Înmuiați ciupercile în apă caldă timp de 30 de minute, apoi scurgeți-le. Scoateți tulpinile și tăiați capacele. Scurgeți și tocați midiile, rezervând sucul. Încinge uleiul și prăjește sarea și ciupercile timp de 2 minute. Adăugați lichidul de scoici și sherry, aduceți la fierbere, acoperiți și gătiți timp de 3 minute. Adăugați midiile și ceapa primăvară și prăjiți până se încălzește. Serviți imediat.

*Abalone cu sos de stridii*

Porti 4

*400 g midii la cutie*
*15 ml / 1 lingură făină de porumb (amidon de porumb)*
*15 ml/1 lingura sos de soia*
*45 ml / 3 linguri sos de stridii*
*30 ml / 2 linguri ulei de arahide (arahide).*
*50 g sunca afumata, taiata in felii*

Scurgeți conserva de abalone, rezervând 90 ml / 6 linguri de lichid. Se amestecă cu amidon de porumb, sos de soia și sos de stridii. Încinge uleiul și prăjește scoicile scurse timp de 1 minut. Adăugați amestecul de sos și gătiți, amestecând, până se încălzește, aproximativ 1 minut. Transferați într-un vas cald de servire și serviți ornat cu șuncă.

*Scoici la abur*

Porti 4

*24 de sandvișuri*

Curățați bine scoicile și puneți-le la înmuiat în apă cu sare timp de câteva ore. Clătiți-le sub jet de apă și puneți-le pe o tavă adâncă. Se aseaza pe un gratar pentru aburi, se acopera si se fierbe in apa clocotita la foc mic timp de aproximativ 10 minute pana cand toate scoicile s-au deschis. Aruncați tot ce este încă închis. Serviți cu sosuri.

*Sandwich cu muguri de fasole*

Porti 4

*24 de sandvișuri*
*15 ml/1 lingura ulei de arahide (arahide).*
*150 g muguri de fasole*
*1 ardei verde, tăiat fâșii*
*2 cepe primare (ceapa tocata).*
*15 ml / 1 lingura vin de orez sau sherry uscat*
*sare si piper proaspat macinat*
*2,5 ml / ¬Ω linguriță ulei de susan*
*50 g sunca afumata, taiata in felii*

Curățați bine scoicile și puneți-le la înmuiat în apă cu sare timp de câteva ore. Clătiți sub jet de apă. Aduceți o oală cu apă la fiert, adăugați scoici și fierbeți câteva minute până se deschid. Scurgeți și aruncați tot ce este încă închis. Scoateți scoicile din coji.

Încinge uleiul și prăjește mugurii de fasole timp de 1 minut. Adăugați ardei capia și ceapa primăvară și prăjiți timp de 2 minute. Adăugați vin sau sherry și asezonați cu sare și piper. Se încălzește, apoi se adaugă scoici și se amestecă până se combină bine și se încălzește. Transferați într-un vas cald de servire și serviți stropite cu ulei de susan și șuncă.

*sandviș cu ghimbir și usturoi*

Porti 4

*24 de sandvișuri*
*15 ml/1 lingura ulei de arahide (arahide).*
*2 felii de rădăcină de ghimbir, tocate*
*2 catei de usturoi, macinati*
*15 ml/1 lingura de apa*
*5 ml / 1 linguriță ulei de susan*
*sare si piper proaspat macinat*

Curățați bine scoicile și puneți-le la înmuiat în apă cu sare timp de câteva ore. Clătiți sub jet de apă. Încinge uleiul și prăjește ghimbirul și usturoiul timp de 30 de secunde. Adăugați scoici, apa și ulei de susan, acoperiți și gătiți aproximativ 5 minute până când scoicile se deschid. Aruncați tot ce este încă închis. Se condimentează ușor cu sare și piper și se servește imediat.

*Scoici prăjite*

Porti 4

*24 de sandvișuri*
*60 ml / 4 linguri ulei de arahide (arahide).*
*4 catei de usturoi, tocati*
*1 ceapa, tocata*
*2,5 ml / ¬Ω linguriță de sare*

Curățați bine scoicile și puneți-le la înmuiat în apă cu sare timp de câteva ore. Clătiți sub jet de apă și apoi uscați. Se încălzește uleiul și se prăjește usturoiul, ceapa și sarea până se înmoaie. Adăugați scoici, acoperiți și gătiți la foc mic aproximativ 5 minute, până când toate cojile s-au deschis. Aruncați tot ce este încă închis. Se prăjește ușor încă 1 minut, se unge cu ulei.

*Prajituri de crab*

Porti 4

*225 g muguri de fasole*
*60 ml / 4 linguri ulei de arahide (arahide) 100 g / 4 oz muguri de bambus, tăiați în fâșii*
*1 ceapa, tocata*
*225 g de fulgi de carne de crab*
*4 oua, batute usor*
*15 ml / 1 lingură făină de porumb (amidon de porumb)*
*30 ml/2 linguri de sos de soia*
*sare si piper proaspat macinat*

Se albesc mugurii de fasole în apă clocotită timp de 4 minute, apoi se scurg. Se încălzește jumătate din ulei și se prăjesc mugurii de fasole, lăstarii de bambus și ceapa până se înmoaie. Se ia de pe foc si se adauga celelalte ingrediente, cu exceptia uleiului. Încălziți restul de ulei într-o tigaie curată și prăjiți amestecul de crab cu linguri pentru a forma prăjituri mici. Se prăjește până devin aurii pe ambele părți și apoi se servește deodată.

*Crema de crab*

Porti 4

*225 g de carne de crab*

*5 ouă, bătute*

*1 ceapa primavara (salota), tocata marunt*

*250 ml / 8 fl oz / 1 cană apă*

*5 ml/1 lingurita de sare*

*5 ml / 1 linguriță ulei de susan*

Se amestecă bine toate ingredientele. Se pune intr-un bol, se acopera si se pune deasupra unui boiler peste apa fierbinte sau pe un gratar pentru abur. Se fierbe la abur timp de aproximativ 35 de minute până obții o cremă, amestecând din când în când. Serviți cu orez.

*Carne de crab chinezesc cu frunze*

Porti 4

*450 g / 1 kg frunze chinezești, rupte*

*45 ml / 3 linguri de ulei vegetal*

*2 cepe primare (ceapa tocata).*

*225 g de carne de crab*

*15 ml/1 lingura sos de soia*

*15 ml / 1 lingura vin de orez sau sherry uscat*

*5 ml/1 lingurita de sare*

Se albesc frunzele chinezești timp de 2 minute în apă clocotită, apoi se clătesc bine și se clătesc în apă rece. Se incinge uleiul si se caleste ceapa primavara pana devine aurie. Adăugați carnea de crab și amestecați timp de 2 minute. Adăugați frunze chinezești și amestecați timp de 4 minute. Adăugați sosul de soia, vinul sau sherry și sare și amestecați bine. Adăugați bulionul și amidonul de porumb, aduceți la fierbere și gătiți, amestecând, timp de 2 minute, până când sosul se deschide și se îngroașă.

*Foo Yung Crab cu muguri de fasole*

Porti 4

*6 oua, batute*
*45 ml / 3 linguri faina de porumb (amidon de porumb)*
*225 g de carne de crab*
*100 g muguri de fasole*
*2 cepe primavara (castron), tocate marunt*
*2,5 ml / ¬Ω linguriță de sare*
*45 ml / 3 linguri ulei de arahide (arahide).*

Bateți ouăle și apoi adăugați amidonul de porumb. Se amestecă celelalte ingrediente, cu excepția uleiului. Se incinge uleiul si se toarna putin cate putin amestecul in tava pentru a forma prajituri mici de aproximativ 7,5 cm in diametru. Se prăjește până se rumenește pe fund, apoi se întoarce și se gătește pe cealaltă parte.

*Crab ghimbir*

Porti 4

*15 ml/1 lingura ulei de arahide (arahide).*
*2 felii de rădăcină de ghimbir, tocate*
*4 cepe primare (castron), tocate*
*3 catei de usturoi, macinati*
*1 ardei iute rosu, tocat*
*350 g de fulgi de carne de crab*
*2,5 ml / ¬Ω lingurita pasta de peste*
*2,5 ml / ¬Ω linguriță ulei de susan*
*15 ml / 1 lingura vin de orez sau sherry uscat*
*5 ml / 1 linguriță făină de porumb (amidon de porumb)*
*15 ml/1 lingura de apa*

Încinge uleiul și prăjește ghimbirul, ceapa primăvară, usturoiul și ardeiul iute timp de 2 minute. Adăugați carnea de crab și amestecați până când este bine acoperită cu condimente. Adăugați pasta de pește. Amestecați celelalte ingrediente până obțineți o pastă, apoi turnați-o în tigaie și amestecați timp de 1 minut. Serviți imediat.

*Crab Lo Mein*

Porti 4

*100 g muguri de fasole*
*30 ml / 2 linguri ulei de arahide (arahide).*
*5 ml/1 lingurita de sare*
*1 ceapa, tocata*
*100 g de ciuperci, tăiate felii*
*225 g de fulgi de carne de crab*
*100 g muguri de bambus, tăiați în felii*
*Taitei crescuti*
*30 ml/2 linguri de sos de soia*
*5 ml/1 lingurita de zahar*
*5 ml / 1 linguriță ulei de susan*
*sare si piper proaspat macinat*

Se albesc mugurii de fasole în apă clocotită timp de 5 minute, apoi se scurg. Se încălzește uleiul și se prăjește sarea și ceapa până se înmoaie. Se adauga ciupercile si se prajesc pana se inmoaie, amestecand continuu. Adăugați carnea de crab și amestecați timp de 2 minute. Adăugați muguri de fasole și lăstarii de bambus și amestecați timp de 1 minut. Adaugati taiteii scursi in tigaie si amestecati usor. Amestecați sosul de soia, zahărul și uleiul de susan și asezonați cu sare și piper. Amesteca tigaia pana se incinge.

*Crab prajit cu carne de porc*

Porti 4

*30 ml / 2 linguri ulei de arahide (arahide).*
*100 g carne de porc tocata (tocata).*
*350 g de fulgi de carne de crab*
*2 felii de rădăcină de ghimbir, tocate*
*2 oua, batute usor*
*15 ml/1 lingura sos de soia*
*15 ml / 1 lingura vin de orez sau sherry uscat*
*30 ml / 2 linguri de apă*
*sare si piper proaspat macinat*
*4 cepe primare (castron), taiate fasii*

Încinge uleiul și prăjește carnea de porc până se rumenește ușor. Adăugați carne de crab și ghimbir și amestecați timp de 1 minut. Conectați ouăle împreună. Adaugati sosul de soia, vinul sau sherry, apa, sare si piper si gatiti aproximativ 4 minute, amestecand. Se serveste ornat cu ceapa primavara.

*Carne de crab prăjită*

Porti 4

*30 ml / 2 linguri ulei de arahide (arahide).*
*450 g de fulgi de carne de crab*
*2 cepe primare (ceapa tocata).*
*2 felii de rădăcină de ghimbir, tocate*
*30 ml/2 linguri de sos de soia*
*30 ml / 2 linguri de vin de orez sau sherry uscat*
*2,5 ml / ¬Ω linguriță de sare*
*15 ml / 1 lingură făină de porumb (amidon de porumb)*
*60 ml / 4 linguri de apă*

Se încălzeşte uleiul şi se prăjeşte carnea de crab, ceapa primăvară şi ghimbirul timp de 1 minut. Adăugaţi sos de soia, vin sau sherry şi sare, acoperiţi şi gătiţi timp de 3 minute. Se amestecă făina de porumb şi apa până se formează o pastă, se adaugă în tigaie şi se fierbe, amestecând continuu, până când sosul este limpede şi gros.

*Chifteluţe de calmar prăjite*

Porti 4

*450 g calmar*

*50 g untură, mărunţită*

*1 albus de ou*

*2,5 ml / ¬Ω lingurita zahar*

*2,5 ml / ¬Ω linguriţă de făină de porumb (amidon de porumb)*

*sare si piper proaspat macinat*

*uleiul prajit*

Curăţaţi calamarul şi pasaţi-l sau tăiaţi-l în pastă. Se amestecă cu untură, albuş, zahăr şi amidon de porumb şi se condimentează cu sare și piper. Presă amestecul în bile. Se încălzește uleiul și se prăjesc biluțele de calmar, în reprize dacă este necesar, până când plutesc în ulei și se auriu. Se scurge bine si se serveste imediat.

*homar cantonez*

Porti 4

*2 homari*

*30 ml / 2 linguri de ulei*

*15 ml/1 lingura sos de fasole neagra*

*1 cățel de usturoi, presat*

*1 ceapa, tocata*

*225 g carne de porc tocata (tocata).*

*45 ml / 3 linguri de sos de soia*

*5 ml/1 lingurita de zahar*

*sare si piper proaspat macinat*

*15 ml / 1 lingură făină de porumb (amidon de porumb)*

*75 ml / 5 linguri de apă*

*1 ou, batut*

Se rupe homarul, se scoate carnea si se taie cubulete de 2,5 cm. Se încălzește uleiul și se prăjește sosul de fasole neagră, usturoiul și ceapa până devin aurii. Adăugați carnea de porc și prăjiți până se rumenește. Adăugați sos de soia, zahăr, sare, piper și homar, acoperiți și gătiți aproximativ 10 minute. Se amestecă făina de porumb și apa într-o pastă, se adaugă în tigaie și se fierbe, amestecând continuu, până când sosul se limpezește și se îngroașă. Înainte de servire, stingeți focul și amestecați oul.

*Homar prajit*

Porti 4

*450 g carne de homar*
*30 ml/2 linguri de sos de soia*
*5 ml/1 lingurita de zahar*
*1 ou, batut*
*30 ml / 3 linguri făină (toate scopuri).*
*uleiul prajit*

Tăiați carnea de homar în cuburi de 1 inch și asezonați cu sos de soia și zahăr. Se lasa sa se odihneasca 15 minute si apoi se scurge. Bateți ouăle și făina împreună, adăugați homarul și amestecați bine. Încinge uleiul și prăjește homarul până devine auriu. Scurgeți pe hârtie de bucătărie înainte de servire.

*Homar la abur cu sunca*

Porti 4

*4 oua, batute usor*
*60 ml / 4 linguri de apă*
*5 ml/1 lingurita de sare*
*15 ml/1 lingura sos de soia*
*450 g carne de homar în fulgi*
*15 ml / 1 lingura sunca afumata tocata*
*15 ml/1 lingura patrunjel proaspat tocat*

Bateți ouăle cu apă, sare și sosul de soia. Se toarnă într-un bol antiaderent și se stropește cu carne de homar. Așezați vasul pe grătar, acoperiți și gătiți la abur timp de 20 de minute până când ouăle s-au întărit. Se servesc ornat cu sunca si patrunjel.

*Homar cu ciuperci*

Porti 4

*450 g carne de homar*

*15 ml / 1 lingură făină de porumb (amidon de porumb)*

*60 ml / 4 linguri de apă*

*30 ml / 2 linguri ulei de arahide (arahide).*

*4 cepe de primăvară (cepe), feliate groase*

*100 g de ciuperci, tăiate felii*

*2,5 ml / ¬Ω linguriță de sare*

*1 cățel de usturoi, presat*

*30 ml/2 linguri de sos de soia*

*15 ml / 1 lingura vin de orez sau sherry uscat*

Tăiați carnea de homar în cuburi de 2,5 cm. Amestecați făina de porumb și apa până obțineți o pastă și adăugați bucățile de homar în amestec pentru a le acoperi. Se incinge jumatate din ulei si se prajesc oasele de homar pana sunt doar aurii, se scot din tigaie. Se încălzește uleiul rămas și se prăjește ceapa primăvară până devine aurie. Adăugați ciupercile și amestecați timp de 3 minute. Adăugați sare, usturoi, sos de soia și vin sau sherry și amestecați timp de 2 minute. Întoarceți homarul în tigaie și amestecați până se încălzește.

*Cozi de homar cu carne de porc*

Porti 4

*3 ciuperci chinezești uscate*

*4 cozi de homar*

*60 ml / 4 linguri ulei de arahide (arahide).*

*100 g carne de porc tocata (tocata).*

*50 g castane de apa, tocate marunt*

*sare si piper proaspat macinat*

*2 catei de usturoi, macinati*

*45 ml / 3 linguri de sos de soia*

*30 ml / 2 linguri de vin de orez sau sherry uscat*

*30 ml / 2 linguri sos de fasole neagra*

*10 ml / 2 linguri faina de porumb (amidon de porumb)*

*120 ml / 4 fl oz / ¬Ω cană de apă*

Înmuiați ciupercile în apă caldă timp de 30 de minute, apoi scurgeți-le. Scoateți tulpinile și tăiați capacele. Tăiați cozile homarului în jumătate pe lungime. Scoateți carnea de pe cozile homarului, păstrând cojile. Se încălzește jumătate din ulei și se prăjește carnea de porc până se rumenește ușor. Se ia de pe foc si se adauga ciupercile, carnea homarului, castanele de apa, sare si piper. Așezați carnea în coji de homar și puneți-o pe o tavă de copt. Puneți pe grătar într-o baie de aburi, acoperiți și gătiți la abur timp de aproximativ 20 de minute până când sunt fierte. Între timp, încălziți uleiul rămas și prăjiți usturoiul, sosul de soia, vinul sau sherry și sosul de fasole neagră timp de 2 minute. Amestecați făina de porumb și apa până obțineți o pastă, adăugați în tigaie și fierbeți, amestecând continuu, până când sosul se îngroașă. Asezam homarul pe o farfurie incalzita, turnam peste el sosul si servim imediat.

*Homar prajit*

Porti 4

*450 g / 1 lire cozi de homar*

*30 ml / 2 linguri ulei de arahide (arahide).*

*1 cățel de usturoi, presat*

*2,5 ml / ¬Ω linguriță de sare*

*350 g muguri de fasole*

*50 g de ciuperci*

*4 cepe de primăvară (cepe), feliate groase*

*150 ml / ¬° pt / copios ¬Ω cană de supă de pui*

*15 ml / 1 lingură făină de porumb (amidon de porumb)*

Aduceți o oală cu apă la fiert, adăugați cozile de homar și fierbeți timp de 1 minut. Se scurge, se raceste, se scoate coaja si se taie felii mai groase. Se incinge uleiul cu usturoiul si sarea si se prajesc pana usturoiul devine usor auriu. Adăugați homarul și amestecați timp de 1 minut. Adăugați muguri de fasole și ciuperci și amestecați timp de 1 minut. Adăugați ceapa primăvară. Se toarnă cea mai mare parte din bulion, se aduce la fierbere, se acoperă și se fierbe timp de 3 minute. Amestecați amidonul de porumb cu restul bulionului, turnați în tigaie și fierbeți, amestecând continuu, până când sosul devine limpede și se îngroașă.

*Cuib de homar*

## Porti 4

*30 ml / 2 linguri ulei de arahide (arahide).*

*5 ml/1 lingurita de sare*

*1 ceapă, feliată subțire*

*100 g de ciuperci, tăiate felii*

*100g muguri de bambus, 225g carne de homar fiartă tocată*

*15 ml / 1 lingura vin de orez sau sherry uscat*

*120 ml / 4 fl oz / ¬Ω cană de supă de pui*

*un praf de piper proaspat macinat*

*10 ml / 2 linguri faina de porumb (amidon de porumb)*

*15 ml/1 lingura de apa*

*4 coșuri cu tăiței*

Se încălzește uleiul și se prăjește sarea și ceapa până se înmoaie. Adăugați ciupercile și lăstarii de bambus și amestecați timp de 2 minute. Adăugați carnea de homar, vinul sau sherry și bulionul, aduceți la fierbere, acoperiți și gătiți timp de 2 minute. Se condimentează cu piper. Amestecați făina de porumb și apa până obțineți o pastă, adăugați în tigaie și gătiți, amestecând, până când sosul se îngroașă. Aranjați cuiburile de tăiței pe o farfurie încinsă și decorați cu homar prăjit.

*Midiile in sos de fasole neagra*

Porti 4

*45 ml / 3 linguri ulei de arahide (arahide).*

*2 catei de usturoi, macinati*

*2 felii de rădăcină de ghimbir, tocate*

*30 ml / 2 linguri sos de fasole neagra*

*15 ml/1 lingura sos de soia*

*1,5 kg midii, spalate si ras*

*2 cepe primare (ceapa tocata).*

Încinge uleiul și prăjește usturoiul și ghimbirul timp de 30 de secunde. Adăugați sosul de fasole neagră și sosul de soia și amestecați timp de 10 secunde. Adăugați scoici, acoperiți și gătiți până când scoicile se deschid, aproximativ 6 minute. Aruncați tot ce este încă închis. Transferați pe o farfurie caldă și serviți presărați cu ceapă primăvara.

*Midiile cu ghimbir*

Porti 4

*45 ml / 3 linguri ulei de arahide (arahide).*
*2 catei de usturoi, macinati*
*4 felii rădăcină de ghimbir, tocate*
*1,5 kg midii, spalate si ras*
*45 ml / 3 linguri de apă*
*15 ml / 1 lingura sos de stridii*

Încinge uleiul și prăjește usturoiul și ghimbirul timp de 30 de secunde. Adăugați midiile și apa, acoperiți și gătiți aproximativ 6 minute până când scoicile se deschid. Aruncați tot ce este încă închis. Transferați într-un vas cald de servire și serviți acoperit cu sos de stridii.

*midii la abur*

## Porti 4

*1,5 kg midii, spalate si ras*
*45 ml / 3 linguri de sos de soia*
*3 cepe primare (castron), tocate marunt*

Aranjați scoicile pe un gratar, acoperiți și fierbeți în apă clocotită aproximativ 10 minute până când toate scoicile s-au deschis. Aruncați tot ce este încă închis. Transferați pe o farfurie caldă și serviți stropite cu sos de soia și ceapă primăvară.

*Stridii prăjite*

Porti 4

*24 de stridii, decojite*
*sare si piper proaspat macinat*
*1 ou, batut*
*50 g / 2 oz / ¬Ω cană făină simplă (universal).*
*250 ml / 8 fl oz / 1 cană apă*
*uleiul prajit*
*4 cepe primare (castron), tocate*

Se presară stridiile cu sare și piper. Bateți ouăle cu făină și apă până obțineți un aluat pe care îl puteți folosi pentru a acoperi stridiile. Se incinge uleiul si se prajesc stridiile pana devin aurii. Se scurge pe hartie de bucatarie si se serveste garnisita cu ceapa primavara.

*Stridii cu bacon*

Porti 4

*175 g bacon*

*24 de stridii, decojite*

*1 ou, batut usor*

*15 ml/1 lingura de apa*

*45 ml / 3 linguri ulei de arahide (arahide).*

*2 cepe, tocate*

*15 ml / 1 lingură făină de porumb (amidon de porumb)*

*15 ml/1 lingura sos de soia*

*90 ml / 6 linguri supa de pui*

Tăiați slănina în bucăți și înfășurați fiecare stridie cu câte o bucată. Bateți ouăle cu apă și scufundați-le în stridii pentru a le acoperi. Se incinge jumatate din ulei si se prajesc stridiile pana devin aurii pe ambele parti, apoi se scot din tigaie si se scurg de grasime. Încinge uleiul rămas și prăjește ceapa în el până se înmoaie. Amestecați amidonul de porumb, sosul de soia și supa până se formează o pastă, turnați în tigaie și gătiți, amestecând constant, până când sosul se limpezește și se îngroașă. Se toarnă peste stridii și se servește imediat.

*Stridii prăjite cu ghimbir*

Porti 4

*24 de stridii, decojite*
*2 felii de rădăcină de ghimbir, tocate*
*30 ml/2 linguri de sos de soia*
*15 ml / 1 lingura vin de orez sau sherry uscat*
*4 cepe primare (castron), taiate fasii*
*100 g de bacon*
*1 ou*
*50 g / 2 oz / ¬Ω cană făină simplă (universal).*
*sare si piper proaspat macinat*
*uleiul prajit*
*1 lămâie, tăiată felii*

Pune stridiile într-un castron cu ghimbirul, sosul de soia și vinul sau sherry și amestecăm bine. Se lasa sa se odihneasca 30 de minute. Puneți câteva fâșii de ceai verde deasupra fiecărei stridii. Tăiați slănina în bucăți și înfășurați fiecare stridie cu câte o bucată. Bateți ouăle și făina împreună într-un aluat și asezonați cu sare și piper. Scufundați stridiile în aluat până când sunt bine acoperite. Se incinge uleiul si se prajesc stridiile pana devin aurii. Se servesc ornat cu felii de lamaie.

*Stridii cu sos de fasole neagră*

Porti 4

*350 g stridii amestecate*
*120 ml / 4 fl oz / ¬Ω cană ulei de arahide (arahide).*
*2 catei de usturoi, macinati*
*3 cepe de primăvară (cepe), tăiate felii*
*15 ml/1 lingura sos de fasole neagra*
*30 ml/2 linguri de sos de soia închis la culoare*
*15 ml/1 lingura ulei de susan*
*un praf de chili*

Se fierb stridiile în apă clocotită timp de 30 de secunde, apoi se scurg. Încinge uleiul și prăjește usturoiul și ceapa primăvară timp de 30 de secunde. Adaugati sosul de fasole neagra, sosul de soia, uleiul de susan si stridiile si asezonati chili dupa gust. Se prăjește până se încinge și se servește imediat.

*Scoici cu muguri de bambus*

Porti 4

*60 ml / 4 linguri ulei de arahide (arahide).*

*6 cepe primare (castron), tocate*

*225 g de ciuperci tăiate în sferturi*

*15 ml/1 lingura de zahar*

*450 g scoici în coajă*

*2 felii de rădăcină de ghimbir, tocate*

*225 g muguri de bambus, tăiați în felii*

*sare si piper proaspat macinat*

*300 ml / ¬Ω pt / 1 ¬ ° cană de apă*

*30 ml / 2 linguri de otet*

*30 ml / 2 linguri faina de porumb (amidon de porumb)*

*150 ml / ¬° pt / amplu ¬Ω cană de apă*

*45 ml / 3 linguri de sos de soia*

Încinge uleiul și prăjește ceapa primăvară și ciupercile timp de 2 minute. Adăugați zahăr, scoici, ghimbir, muguri de bambus, sare și piper, acoperiți și gătiți timp de 5 minute. Adăugați apă și oțet, aduceți la fiert, acoperiți și fierbeți timp de 5 minute. Se amestecă făina de porumb și apa într-o pastă, se amestecă în tigaie și se lasă să fiarbă, amestecând continuu, până se îngroașă sosul. Stropiți cu sos de soia și serviți.

*Scoici cu ou*

Porti 4

*45 ml / 3 linguri ulei de arahide (arahide).*
*350 g scoici în coajă*
*25 g sunca afumata, feliata*
*30 ml / 2 linguri de vin de orez sau sherry uscat*
*5 ml/1 lingurita de zahar*
*2,5 ml / ¬Ω linguriță de sare*
*un praf de piper proaspat macinat*
*2 oua, batute usor*
*15 ml/1 lingura sos de soia*

Încinge uleiul și prăjește midiile timp de 30 de secunde. Adăugați șunca și gătiți, amestecând continuu, timp de 1 minut. Adăugați vinul sau sherry, zahărul, sare și piper și amestecați timp de 1 minut. Adăugați oul și amestecați ușor la foc mare până când ingredientele sunt bine acoperite cu ou. Se serveste stropita cu sos de soia.

*Scoici cu broccoli*

## Porti 4

*350 g scoici, tăiate în felii*
*3 felii de rădăcină de ghimbir, tocate*
*¬Ω morcov mic, tăiat în felii*
*1 cățel de usturoi, presat*
*45 ml / 3 linguri făină (toate scopuri).*
*2,5 ml / ¬Ω linguriţe de bicarbonat de sodiu (bicarbonat de sodiu)*
*30 ml / 2 linguri ulei de arahide (arahide).*
*15 ml/1 lingura de apa*
*1 banană, feliată*
*uleiul prajit*
*275 g de broccoli*
*sare*
*5 ml / 1 linguriţă ulei de susan*
*2,5 ml / ¬Ω lingurita sos chili*
*2,5 ml / ¬Ω linguriţă de oţet*
*2,5 ml / ¬Ω linguriţă pastă de tomate √ © e (paste)*

Amesteca scoicile cu ghimbir, morcovi si usturoi si lasa sa se odihneasca. Amestecați făina, bicarbonatul de sodiu, 15ml / 1 lingură ulei și apa până se formează un aluat, apoi acoperiți feliile de banană. Se încălzește uleiul și se prăjește banana până devine aurie, apoi se scurge și se întinde pe o plită încinsă. Între timp, gătiți broccoli în apă clocotită cu sare până se înmoaie, scurgeți. Se încălzește restul de ulei cu ulei de susan și se prăjește puțin broccoli, apoi se aranjează în jurul farfurii cu bananele. Adăugați sosul de ardei iute, oțetul și pasta de roșii în tigaie și prăjiți midiile până sunt fierte. Se toarnă într-un bol de servire și se servește imediat.

*Scoici cu ghimbir*

Porti 4

*45 ml / 3 linguri ulei de arahide (arahide).*

*2,5 ml / ¬Ω linguriță de sare*

*3 felii de rădăcină de ghimbir, tocate*

*2 cepe primare (castron), feliate groase*

*450 g scoici în coajă, tăiate la jumătate*

*15 ml / 1 lingură făină de porumb (amidon de porumb)*

*60 ml / 4 linguri de apă*

Încinge uleiul și prăjește sarea și ghimbirul timp de 30 de secunde. Adăugați ceapa primăvară și prăjiți pana devine auriu. Adăugați midiile și amestecați timp de 3 minute. Amestecați făina de porumb și apa până obțineți o pastă, adăugați în tigaie și fierbeți până se îngroașă, amestecând continuu. Serviți imediat.

*Scoici cu șuncă*

## Porti 4

*450 g scoici în coajă, tăiate la jumătate*
*250 ml / 1 cană vin de orez sau sherry uscat*
*1 ceapa, tocata marunt*
*2 felii de rădăcină de ghimbir, tocate*
*2,5 ml / ¬Ω linguriță de sare*
*100 g sunca afumata, feliata*

Pune midiile intr-un bol si adauga vinul sau sherry. Acoperiți și marinați timp de 30 de minute, întorcându-le din când în când, apoi scurgeți midiile și aruncați marinada. Puneți scoicile într-un vas rezistent la cuptor împreună cu celelalte ingrediente. Puneti cratita pe un gratar in baie de aburi, acoperiti si fierbeti in apa clocotita aproximativ 6 minute pana cand scoicile sunt moi.

### Scoici cu ierburi amestecate

Porti 4

*225 g scoici în coajă*
*30 ml / 2 linguri coriandru proaspăt tocat*
*4 oua, batute*
*15 ml / 1 lingura vin de orez sau sherry uscat*
*sare si piper proaspat macinat*
*15 ml/1 lingura ulei de arahide (arahide).*

Pune scoicile într-o baie de aburi şi găteşti aproximativ 3 minute, în funcție de mărime. Scoateți din cuptorul cu abur şi stropiţi cu coriandru. Bateţi ouăle cu vin sau sherry şi asezonaţi cu sare şi piper. Adăugaţi scoici şi coriandru. Se încălzeşte uleiul şi se amestecă amestecul de ouă şi scoici până când ouăle se întăresc. Serviți imediat.

*Midii și ceapă prăjite*

Porti 4

*45 ml / 3 linguri ulei de arahide (arahide).*

*1 ceapa, tocata*

*450 g scoici în coajă, tăiate în sferturi*

*sare si piper proaspat macinat*

*15 ml / 1 lingura vin de orez sau sherry uscat*

Se incinge uleiul si se caleste ceapa pana se inmoaie. Adăugați midiile și prăjiți până se rumenesc, amestecând continuu. Asezonați cu sare și piper, stropiți cu vin sau sherry și serviți imediat.

*Scoici cu legume*

Va servi 4.6

4 ciuperci chinezești uscate

2 cepe

30 ml / 2 linguri ulei de arahide (arahide).

3 tulpini de țelină, tăiate în diagonală

225 g fasole verde, feliată în diagonală

10 ml / 2 lingurițe de rădăcină de ghimbir rasă

1 cățel de usturoi, presat

20 ml / 4 linguri faina de porumb (amidon de porumb)

250 ml / 8 fl oz / 1 cană bulion de pui

30 ml / 2 linguri de vin de orez sau sherry uscat

30 ml/2 linguri de sos de soia

450 g scoici în coajă, tăiate în sferturi

6 cepe de primăvară (șalote), tăiate felii

425 g / 15 oz porumb conservat pe stiule

Înmuiați ciupercile în apă caldă timp de 30 de minute, apoi scurgeți-le. Scoateți tulpinile și tăiați capacele. Tăiați ceapa în felii și despărțiți straturile. Se încălzește uleiul și se prăjește ceapa, țelina, fasolea, ghimbirul și usturoiul timp de 3 minute. Amestecați amidonul de porumb cu o parte din bulion și apoi adăugați restul, vin sau sherry și sos de soia. Se adaugă în wok și se aduce la fierbere, amestecând continuu. Adăugați ciupercile, midiile, ceapa și porumbul și gătiți, amestecând constant, până când midiile sunt fragede, aproximativ 5 minute.

*Scoici cu boia*

Porti 4

*30 ml / 2 linguri ulei de arahide (arahide).*

*3 cepe primare (castron), tocate*

*1 cățel de usturoi, presat*

*2 felii de rădăcină de ghimbir, tocate*

*2 ardei roșii, tăiați cubulețe*

*450 g scoici în coajă*

*30 ml / 2 linguri de vin de orez sau sherry uscat*

*15 ml/1 lingura sos de soia*

*15 ml / 1 lingura sos de fasole galbena*

*5 ml/1 lingurita de zahar*

*5 ml / 1 linguriță ulei de susan*

Încinge uleiul și prăjește ceapa primăvară, usturoiul și ghimbirul timp de 30 de secunde. Adăugați boia și prăjiți timp de 1 minut. Adăugați midiile și amestecați timp de 30 de secunde, apoi adăugați celelalte ingrediente și gătiți aproximativ 3 minute până când midiile sunt fragede.

*Caracatiță cu muguri de fasole*

Porti 4

*450 g caracatiță*
*30 ml / 2 linguri ulei de arahide (arahide).*
*15 ml / 1 lingura vin de orez sau sherry uscat*
*100 g muguri de fasole*
*15 ml/1 lingura sos de soia*
*sare*
*1 ardei iute rosu, tocat*
*2 felii de rădăcină de ghimbir, tocate*
*2 cepe primare (ceapa tocata).*

Scoateți capul, intestinele și membrana de la calmar și tăiați în bucăți mari. Tăiați un model în cruce pe fiecare bucată. Se pune la fiert o oală cu apă, se adaugă calamarul și se fierbe până se rostogolesc bucățile, apoi se scurg și se scurg. Se încălzește jumătate din ulei și se prăjește rapid caracatița. Se toarnă vin sau sherry. Între timp, încălzește restul de ulei și prăjește mugurii de fasole până se înmoaie. Asezonați cu sos de soia și sare. Aranjați ardeiul iute, ghimbirul și ceapa primăvară în jurul unui vas de servire. Asezati mugurii de fasole in centru si asezati caracatita deasupra. Serviți imediat.

*Caracatiță prăjită*

Porti 4

*50 g de făină simplă (toate scopuri).*
*25 g / 1 oz / ¬° cană făină de porumb (amidon de porumb)*
*2,5 ml / ¬Ω lingurita praf de copt*
*2,5 ml / ¬Ω linguriță de sare*
*1 ou*
*75 ml / 5 linguri de apă*

*15 ml/1 lingura ulei de arahide (arahide).*

*450 g caracatiță, tăiată în inele*

*uleiul prajit*

Se amestecă făina, amidonul de porumb, praful de copt, sarea, oul, apa și uleiul până se formează un aluat. Înmuiați caracatița în aluat până se îmbracă bine. Se încălzește uleiul și se prăjește caracatița câteva bucăți pe rând până devine aurie. Scurgeți pe hârtie de bucătărie înainte de servire.

*Pachete de caracatiță*

Porti 4

*8 ciuperci chinezești uscate*

*450 g caracatiță*

*100 g sunca afumata*

*100 g de tofu*

*1 ou, batut*

*15 ml / 1 lingură făină (toate scopuri).*

*2,5 ml / ¬Ω lingurita zahar*

*2,5 ml / ¬Ω linguriță ulei de susan*

*sare si piper proaspat macinat*

*8 piei wonton*

*uleiul prajit*

Înmuiați ciupercile în apă caldă timp de 30 de minute, apoi scurgeți-le. Aruncați tulpinile. Curățați calmarul și tăiați-l în 8 bucăți. Tăiați șunca și tofu în 8 bucăți. Pune-le pe toate într-un castron. Se amestecă ouăle cu făina, zahărul, uleiul de susan, sare și piper. Turnați ingredientele într-un bol și amestecați ușor. Pune o ciupercă și o bucată de calmar, șuncă și tofu chiar sub centrul fiecărei coji wonton. Îndoiți în colțul de jos, îndoiți părțile laterale, apoi rulați și umeziți marginile cu apă pentru a sigila. Încinge uleiul și prăjește chiflele aproximativ 8 minute până devin aurii. Scurgeți bine înainte de servire.

### Calamari prajiti

**Porti 4**

*45 ml / 3 linguri ulei de arahide (arahide).*
*225 g inele de caracatiță*
*1 ardei verde mare, tăiat în bucăți*
*100 g muguri de bambus, tăiați în felii*
*2 cepe primavara (castron), tocate marunt*
*1 felie radacina de ghimbir, tocata marunt*
*45 ml / 2 linguri de sos de soia*
*30 ml / 2 linguri de vin de orez sau sherry uscat*
*15 ml / 1 lingură făină de porumb (amidon de porumb)*
*15 ml / 1 lingura supa de peste sau apa*
*5 ml/1 lingurita de zahar*
*5 ml/1 lingurita de otet*
*5 ml / 1 linguriță ulei de susan*
*sare si piper proaspat macinat*

Încinge 15 ml / 1 lingură de ulei și prăjește rapid inelele de calmar până sunt bine prăjite. Între timp, într-o tigaie separată, se încălzește uleiul rămas și se prăjesc ardeii, lăstarii de bambus, ceapa primăvară și ghimbirul timp de 2 minute. Adăugați caracatița și amestecați timp de 1 minut. Amestecați sosul de soia, vinul sau sherry, amidonul de porumb, bulionul, zahărul, oțetul și uleiul de susan și asezonați cu sare și piper. Se prăjește până când sosul se limpezește și se îngroașă.

### Caracatiță prăjită

Porti 4

*45 ml / 3 linguri ulei de arahide (arahide).*
*3 cepe primare (castron), feliate groase*
*2 felii de rădăcină de ghimbir, tocate*
*450 g caracatiță, tăiată în bucăți*
*15 ml/1 lingura sos de soia*
*15 ml / 1 lingura vin de orez sau sherry uscat*
*5 ml / 1 linguriță făină de porumb (amidon de porumb)*
*15 ml/1 lingura de apa*

Se încălzește uleiul și se prăjește ceapa primăvară și ghimbirul până se înmoaie. Se adaugă caracatița și se amestecă până se îmbracă cu ulei. Adăugați sos de soia și vin sau sherry, acoperiți și gătiți timp de 2 minute. Amestecați făina de porumb și apa până obțineți o pastă, adăugați-o în tigaie și gătiți, amestecând continuu, până când sosul se îngroașă și caracatița este fragedă.

### Caracatiță cu ciuperci uscate

Porti 4

*50 g de ciuperci chinezești uscate*
*450 g / 1 lb inele de calmar*
*45 ml / 3 linguri ulei de arahide (arahide).*
*45 ml / 3 linguri de sos de soia*
*2 cepe primavara (castron), tocate marunt*
*1 felie radacina de ghimbir, tocata*
*225 g muguri de bambus tăiați fâșii*
*30 ml / 2 linguri faina de porumb (amidon de porumb)*
*150 ml / ¬° pt / bun ¬Ω cană de supă de pește*

Înmuiați ciupercile în apă caldă timp de 30 de minute, apoi scurgeți-le. Scoateți tulpinile și tăiați capacele. Se fierb inelele de calmar pentru cateva secunde in apa clocotita. Se incinge uleiul, se adauga ciupercile, sosul de soia, ceapa primavara si ghimbirul si se prajesc 2 minute. Adăugați calmarul și lăstarii de bambus și prăjiți timp de 2 minute. Se amestecă amidonul de porumb și bulionul și se amestecă în tigaie. Gatiti, amestecand continuu, pana cand sosul se limpezeste si se ingroasa.

## Caracatiță Cu Legume

### Porti 4

*45 ml / 3 linguri ulei de arahide (arahide).*

*1 ceapa, tocata*

*5 ml/1 lingurita de sare*

*450 g caracatiță, tăiată în bucăți*

*100 g muguri de bambus, tăiați în felii*

*2 tulpini de telina, taiate in diagonala*

*60 ml / 4 linguri supa de pui*

*5 ml/1 lingurita de zahar*

*100 g mangetout (mazăre de zăpadă)*

*5 ml / 1 linguriță făină de porumb (amidon de porumb)*

*15 ml/1 lingura de apa*

*Se încălzește uleiul și se prăjește ceapa și sarea până devin aurii. Se adaugă caracatița și se prăjește până se îmbracă în ulei. Adăugați lăstarii de bambus și țelina și amestecați timp de 3 minute. Adăugați bulionul și zahărul, aduceți la fierbere, acoperiți și fierbeți timp de 3 minute până când legumele sunt moi. Adăugați mangeut. Se amestecă făina de porumb și apa* într-o pastă, se adaugă în tigaie și se fierbe, amestecând, până se îngroașă sosul.

### Carne de vita fiarta cu anason

Porti 4

30 ml / 2 linguri ulei de arahide (arahide).
450 g / 1 liră friptură de vită
1 cățel de usturoi, presat
45 ml / 3 linguri de sos de soia
15 ml/1 lingura de apa
15 ml / 1 lingura vin de orez sau sherry uscat
5 ml/1 lingurita de sare
5 ml/1 lingurita de zahar
2 cuișoare de anason stelat

Se încălzește uleiul și se prăjește carnea până devine aurie pe toate părțile. Se adauga restul, se aduce la fierbere, se acopera si se fierbe aproximativ 45 de minute, rasturnand carnea, adaugand putina apa si sos de soia daca carnea se usuca. Gatiti inca 45 de minute pana cand carnea este frageda. Aruncați anasonul stelat înainte de servire.

*Carne de vită cu sparanghel*

Porti 4

*450 g carne de vită, tăiată cubulețe*
*30 ml/2 linguri de sos de soia*
*30 ml / 2 linguri de vin de orez sau sherry uscat*
*45 ml / 3 linguri faina de porumb (amidon de porumb)*
*45 ml / 3 linguri ulei de arahide (arahide).*
*5 ml/1 lingurita de sare*
*1 cățel de usturoi, presat*
*350 g varfuri de sparanghel*
*120 ml / 4 fl oz / ¬Ω cană de supă de pui*
*15 ml/1 lingura sos de soia*

Pune friptura într-un castron. Amestecați sosul de soia, vinul sau sherry și 30 ml / 2 linguri amidon de porumb, turnați peste friptură și amestecați bine. Se lasă la marinat 30 de minute. Se incinge uleiul cu sare si usturoi si se prajeste pana usturoiul devine putin auriu. Adăugați carnea și marinada și prăjiți timp de 4 minute. Adăugați sparanghelul și prăjiți timp de 2 minute. Adăugați bulionul și sosul de soia, aduceți la fiert și gătiți, amestecând, timp de 3 minute, până când carnea este gătită. Amestecați amidonul de porumb rămas cu puțină apă sau bulion și adăugați în sos. Gatiti, amestecand, cateva minute pana cand sosul se deschide si se ingroasa.

### Carne de vită cu muguri de bambus

Porti 4

*45 ml / 3 linguri ulei de arahide (arahide).*
*1 cățel de usturoi, presat*
*1 ceapa primavara (ceapa), tocata*
*1 felie radacina de ghimbir, tocata*
*225 g burtă de vită, tăiată fâșii*
*100 g muguri de bambus*
*45 ml / 3 linguri de sos de soia*
*15 ml / 1 lingura vin de orez sau sherry uscat*
*5 ml / 1 linguriță făină de porumb (amidon de porumb)*

Încinge uleiul și prăjește usturoiul, ceapa primăvară și ghimbirul până devin aurii. Adăugați carnea și prăjiți 4 minute până devine aurie. Adăugați lăstarii de bambus și amestecați timp de 3 minute. Adăugați sos de soia, vin sau sherry și amidon de porumb și amestecați timp de 4 minute.

*Carne de vită cu muguri de bambus și ciuperci*

Porti 4

*225 g carne de vită slabă*

*45 ml / 3 linguri ulei de arahide (arahide).*

*1 felie radacina de ghimbir, tocata*

*100 g muguri de bambus, tăiați în felii*

*100 g de ciuperci, tăiate felii*

*45 ml / 3 linguri vin de orez sau sherry uscat*

*5 ml/1 lingurita de zahar*

*10 ml / 2 linguri de sos de soia*

*sare si piper*

*120 ml / 4 fl oz / ¬Ω cană de supă de vită*

*15 ml / 1 lingură făină de porumb (amidon de porumb)*

*30 ml / 2 linguri de apă*

Tăiați carnea în felii subțiri împotriva bobului. Încinge uleiul și prăjește ghimbirul în el pentru câteva secunde. Se adauga carnea si se prajeste pana devine aurie, amestecand continuu. Adăugați lăstarii de bambus și ciupercile și amestecați timp de 1 minut. Adăugați vin sau sherry, zahăr și sos de soia și asezonați cu sare și piper. Adăugați bulionul, aduceți la fierbere, acoperiți și fierbeți timp de 3 minute. Amestecați amidonul de porumb și apa, turnați în tigaie și gătiți, amestecând continuu, până când sosul se îngroașă.

### Carne de vită chinezească

Porti 4

*45 ml / 3 linguri ulei de arahide (arahide).*
*900 g friptură de vită*
*1 ceapa primavara (salota), taiata felii*
*1 cățel de usturoi, tocat*
*1 felie radacina de ghimbir, tocata*
*60 ml/4 linguri de sos de soia*
*30 ml / 2 linguri de vin de orez sau sherry uscat*
*5 ml/1 lingurita de zahar*
*5 ml/1 lingurita de sare*
*un praf de piper*
*750 ml / 1° punct / 3 căni de apă clocotită*

Încinge uleiul și prăjește carnea rapid pe toate părțile. Adăugați ceapa primăvară, usturoiul, ghimbirul, sosul de soia, vinul sau sherry, zahărul, sare și piper. Se aduce la fierbere, amestecând continuu. Adăugați apă clocotită, aduceți la fiert, amestecați constant, acoperiți și fierbeți timp de aproximativ 2 ore până când carnea este fragedă.

*Carne de vită cu muguri de fasole*

Porti 4

*450 g carne slabă de vită, tăiată în felii*
*1 albus de ou*
*30 ml / 2 linguri ulei de arahide (arahide).*
*15 ml / 1 lingură făină de porumb (amidon de porumb)*
*15 ml/1 lingura sos de soia*
*100 g muguri de fasole*
*25 g / 1 oz varză murată, mărunțită*
*1 ardei iute rosu, tocat*
*2 cepe primare (ceapa tocata).*
*2 felii de rădăcină de ghimbir, tocate*
*sare*
*5 ml / 1 linguriță sos de stridii*
*5 ml / 1 linguriță ulei de susan*

Se amestecă carnea cu albușul, jumătate din ulei, amidonul de porumb și sosul de soia și se lasă 30 de minute. Albește mugurii de fasole în apă clocotită timp de aproximativ 8 minute până când sunt aproape fragezi, apoi clătește. Se încălzește uleiul rămas și se prăjește carnea până se rumenește ușor, apoi se scoate din tigaie. Adăugați varza, ardeiul iute, ghimbirul, sarea, sosul de stridii și uleiul de susan și amestecați timp de 2 minute. Adăugați mugurii de fasole și amestecați timp de 2 minute. Întoarceți carnea în tigaie și amestecați până se amestecă bine și se încălzește. Serviți imediat.

*Carne de vită cu broccoli*

Porti 4

*450g / 1lb carne de vită, feliată subțire*
*30 ml / 2 linguri faina de porumb (amidon de porumb)*
*15 ml / 1 lingura vin de orez sau sherry uscat*
*15 ml/1 lingura sos de soia*
*30 ml / 2 linguri ulei de arahide (arahide).*
*5 ml/1 lingurita de sare*
*1 cățel de usturoi, presat*
*225 g / 8 oz broccoli*
*150 ml / ¬° pt / copios ¬Ω cană de bulion de vită*

Pune friptura într-un castron. Se amestecă 15 ml/1 lingură de amidon de porumb cu vin sau sherry și sos de soia, se adaugă carnea și se lasă la marinat 30 de minute. Se incinge uleiul cu sare si usturoi si se prajeste pana usturoiul devine putin auriu. Adăugați friptura și marinada și prăjiți timp de 4 minute. Adăugați broccoli și prăjiți timp de 3 minute. Se toarnă bulionul, se aduce la fierbere, se acoperă și se fierbe timp de 5 minute până când broccoli este moale, dar încă crocant. Amestecați amidonul de porumb rămas cu puțină apă și adăugați în sos. Gatiti, amestecand, pana cand sosul se limpezeste si se ingroasa.

*Carne de susan cu broccoli*

Porti 4

*150 g carne slabă de vită, feliată subțire*
*2,5 ml / ¬Ω lingurita sos de stridii*
*5 ml / 1 linguriță făină de porumb (amidon de porumb)*
*5 ml/1 lingurita otet de vin alb*
*60 ml / 4 linguri ulei de arahide (arahide).*
*100 g broccoli*

*5 ml/1 lingurita sos de peste*
*2,5 ml / ½ lingurita sos de soia*
*250 ml / 8 fl oz / 1 cană supă de vită*
*30 ml / 2 linguri de seminte de susan*

Marinați carnea cu sos de stridii, 2,5 ml / ½ linguriță amidon de porumb, 2,5 ml / ½ linguriță oțet de vin și 15 ml / ½ linguriță ulei timp de 1 oră.

Între timp, încălziți 15 ml / 1 lingură ulei, adăugați broccoli, 2,5 ml / ½ linguriță sos de pește, sosul de soia și restul de oțet și acoperiți ușor cu apă clocotită. Gatiti aproximativ 10 minute pana se inmoaie.

Se încălzește 30 ml / 2 linguri de ulei într-o tigaie separată și se prăjește puțin carnea de vită până se rumenește. Adăugați bulionul, amidonul de porumb rămas și sosul de pește, aduceți la fierbere, acoperiți și fierbeți timp de aproximativ 10 minute până când carnea este fragedă. Scurgeți broccoli și aranjați-l pe o farfurie caldă. Deasupra se aseaza carnea si se presara generos cu seminte de susan.

*Carne de vită la grătar*

Porti 4

*450 g de friptură slabă, tăiată în felii*
*60 ml/4 linguri de sos de soia*
*2 catei de usturoi, macinati*
*5 ml/1 lingurita de sare*
*2,5 ml / ¬Ω lingurita piper proaspat macinat*
*10 ml / 2 linguriţe de zahăr*

Se amestecă toate ingredientele şi se lasă la marinat timp de 3 ore. Prăjiţi sau frigeţi pe un grătar încins timp de aproximativ 5 minute pe fiecare parte.

*Carne de vită cantoneză*

Porti 4

*30 ml / 2 linguri faina de porumb (amidon de porumb)*
*2 albușuri spumă, bătute până se întăresc*
*450 g friptură, tăiată fâșii*
*uleiul prajit*
*4 batoane de telina, feliate*
*2 cepe, feliate*
*60 ml / 4 linguri de apă*
*20 ml / 4 lingurițe de sare*
*75 ml / 5 linguri sos de soia*
*60 ml / 4 linguri de vin de orez sau sherry uscat*
*30 ml / 2 linguri de zahăr*
*piper proaspăt măcinat*

Se amestecă jumătate din amidonul de porumb cu albușurile. Adăugați friptura și amestecați pentru a acoperi carnea de vită în aluat. Încinge uleiul și prăjește friptura până se rumenește. Scoatem din tava si scurgem pe hartie de bucatarie. Se încălzesc 15 ml / 1 lingură de ulei și se prăjesc țelina și ceapa timp de 3 minute. Adaugati carnea, apa, sarea, sosul de soia, vinul sau sherry si zaharul si asezonati cu piper. Se aduce la fierbere si se fierbe, amestecand continuu, pana se ingroasa sosul.

*Carne de vită cu morcovi*

Porti 4

*30 ml / 2 linguri ulei de arahide (arahide).*
*450 g carne slabă de vită, tăiată cubulețe*
*2 cepe de primăvară (cepe), tăiate felii*
*2 catei de usturoi, macinati*
*1 felie radacina de ghimbir, tocata*
*250 ml / 8 fl oz / 1 cană sos de soia*
*30 ml / 2 linguri de vin de orez sau sherry uscat*
*30 ml / 2 linguri de zahăr brun*
*5 ml/1 lingurita de sare*
*600 ml / 1 punct / 2 ¬Ω cesti de apa*
*4 morcovi, tăiați în diagonală*

Se încălzește uleiul și se prăjește carnea până devine aurie. Scurgeți excesul de ulei și adăugați ceapa primăvară, usturoiul, ghimbirul și anasonul și prăjiți timp de 2 minute. Adăugați sosul de soia, vinul sau sherry, zahărul și sarea și amestecați bine. Adăugați apă, aduceți la fiert, acoperiți și gătiți timp de 1 oră. Adăugați morcovii, acoperiți și gătiți încă 30 de minute. Scoateți capacul și gătiți până când sosul s-a redus.

*Carne de vită cu caju*

## Porti 4

*60 ml / 4 linguri ulei de arahide (arahide).*

*450g / 1lb carne de vită, feliată subțire*

*8 ceapa primavara (salota), taiata bucatele*

*2 catei de usturoi, macinati*

*1 felie radacina de ghimbir, tocata*

*75 g / 3 oz / ¬œ cană caju prăjite*

*120 ml / 4 fl oz / ¬Ω cană de apă*

*20 ml / 4 linguri faina de porumb (amidon de porumb)*

*20 ml / 4 linguri de sos de soia*

*5 ml / 1 linguriță ulei de susan*

*5 ml / 1 linguriță sos de stridii*

*5 ml / 1 linguriță sos chili*

Se încălzește jumătate din ulei și se prăjește carnea până devine aurie. Scoateți din tigaie. Se încălzește uleiul rămas și se prăjește ceapa primăvară, usturoiul, ghimbirul și caju pentru 1 minut. Pune carnea înapoi în tigaie. Se amestecă celelalte ingrediente și se toarnă amestecul în tigaie. Se aduce la fierbere și se fierbe, amestecând continuu, până când amestecul se îngroașă.

*Carne de vită la cuptorul lent*

Porti 4

*30 ml / 2 linguri ulei de arahide (arahide).*

*450 g carne de vita fiarta, taiata cubulete*

*3 felii de rădăcină de ghimbir, tocate*

*3 morcovi, feliați*

*1 sfeclă roșie, tăiată cubulețe*

*15 ml / 1 lingură curmale negre, cu sâmburi*

*15 ml / 1 lingura de seminte de lotus*

*30 ml / 2 linguri pasta de tomate (paste)*

*10 ml/2 linguri de sare*

*900 ml / 1¬Ω puncte / 3¬œ cesti supa de vita*

*250 ml / 1 cană vin de orez sau sherry uscat*

Se încălzește uleiul într-o oală sau o tigaie mare rezistentă la cuptor și se prăjește carnea până se prăjește pe toate părțile.

*Carne de vită cu conopidă*

## Porti 4

*225 g buchețe de conopidă*
*uleiul prajit*
*225 g carne de vită, tăiată fâșii*
*50 g muguri de bambus tăiați fâșii*
*10 castane de apă, tăiate fâșii*
*120 ml / 4 fl oz / ¬Ω cană de supă de pui*
*15 ml/1 lingura sos de soia*
*15 ml / 1 lingura sos de stridii*
*15 ml / 1 lingură pastă de tomate √ © e (paste)*
*15 ml / 1 lingură făină de porumb (amidon de porumb)*
*2,5 ml / ¬Ω linguriță ulei de susan*

Se fierbe conopida în apă clocotită timp de 2 minute, apoi se clătește. Se încălzește uleiul și se prăjește conopida până devine aurie. Se scurge si se scurge pe hartie de bucatarie. Se incinge uleiul si se prajeste carnea in el pana se rumeneste usor, apoi se scurge si se lasa sa se scurga. Se toarnă toate, cu excepția 15 ml/1 lingură de ulei și se prăjesc lăstarii de bambus și castanele timp de 2 minute. Adăugați bulionul rămas, aduceți la fierbere și gătiți, amestecând continuu, până se îngroașă sosul. Reveniți carnea de vită și conopida în tigaie și reîncălziți ușor. Serviți imediat.

### Carne de vită cu țelină

Porti 4

*100 g țelină, tăiată fâșii*
*45 ml / 3 linguri ulei de arahide (arahide).*
*2 cepe primare (ceapa tocata).*
*1 felie radacina de ghimbir, tocata*
*225 g burtă de vită, tăiată fâșii*
*30 ml/2 linguri de sos de soia*
*30 ml / 2 linguri de vin de orez sau sherry uscat*
*2,5 ml / ¬Ω lingurita zahar*
*2,5 ml / ¬Ω linguriță de sare*

Se fierbe țelina în apă clocotită timp de 1 minut, apoi se clătește bine. Se încălzește uleiul și se prăjește ceapa primăvară și ghimbirul până devin aurii. Adăugați carnea și prăjiți timp de 4 minute. Adăugați țelina și prăjiți timp de 2 minute. Adăugați sos de soia, vin sau sherry, zahăr și sare și amestecați timp de 3 minute.

*Felii de vita prajite cu telina*

## Porti 4

*30 ml / 2 linguri ulei de arahide (arahide).*
*450 g carne slabă de vită, tăiată în fulgi*
*3 tulpini de telina, tocate*
*1 ceapa, tocata*
*1 ceapa primavara (salota), taiata felii*
*1 felie radacina de ghimbir, tocata*
*30 ml/2 linguri de sos de soia*
*15 ml / 1 lingura vin de orez sau sherry uscat*
*2,5 ml / ½ lingurita zahar*
*2,5 ml / ½ linguriță de sare*
*10 ml / 2 linguri faina de porumb (amidon de porumb)*
*30 ml / 2 linguri de apă*

Se încălzește jumătate din ulei până este foarte fierbinte și se prăjește carnea 1 minut până devine aurie. Scoateți din tigaie. Se încălzește restul de ulei și se prăjește țelina, ceapa, ceapa primăvară și ghimbirul până se înmoaie. Se pune carnea înapoi în tigaie cu sos de soia, vin sau sherry, zahăr și sare, se aduce la fiert și se prăjește până devine aurie, amestecând continuu. Amestecați amidonul de porumb și apa, amestecați în tigaie și gătiți până se îngroașă sosul. Serviți imediat.

*Felii de vita cu pui si telina*

## Porti 4

*4 ciuperci chinezești uscate*

*45 ml / 3 linguri ulei de arahide (arahide).*

*2 catei de usturoi, macinati*

*1 rădăcină de ghimbir, feliată, tocată*

*5 ml/1 lingurita de sare*

*100 g burtă de vită, tăiată fâșii*

*100 g carne de pui, tăiată fâșii*

*2 morcovi, tăiați fâșii*

*2 tulpini de telina, taiate fasii*

*4 cepe primare (castron), taiate fasii*

*5 ml/1 lingurita de zahar*

*5 ml / 1 linguriță sos de soia*

*5 ml / 1 linguriță vin de orez sau sherry uscat*

*45 ml / 3 linguri de apă*

*5 ml / 1 linguriță făină de porumb (amidon de porumb)*

Înmuiați ciupercile în apă caldă timp de 30 de minute, apoi scurgeți-le. Scoateți tulpinile și tăiați capacele. Încinge uleiul și prăjește usturoiul, ghimbirul și sarea până devin aurii. Adăugați carnea de vită și pui și gătiți până se rumenesc. Adaugati telina, ceapa primavara, zaharul, sosul de soia, vinul sau sherry si apa si aduceti la fiert. Acoperiți și fierbeți timp de aproximativ 15 minute până când carnea este fragedă. Amestecam amidonul de porumb cu putina apa, adaugam in sos si fierbem, amestecand continuu, pana se ingroasa sosul.

*Carne de vită cu chilli*

Porti 4

*450 g muschi de vita taiat fasii*
*45 ml / 3 linguri de sos de soia*
*15 ml / 1 lingura vin de orez sau sherry uscat*
*15 ml/1 lingura zahar brun*
*15 ml/1 lingura de radacina de ghimbir tocata marunt*
*30 ml / 2 linguri ulei de arahide (arahide).*
*50 g de muguri de bambus tăiați în bețe de chibrit*
*1 ceapă, tăiată fâșii*
*1 baton de telina, taiat in betisoare de chibrit*
*2 ardei iute roșu fără semințe și tăiați fâșii*
*120 ml / 4 fl oz / ¬Ω cană de supă de pui*
*15 ml / 1 lingură făină de porumb (amidon de porumb)*

Pune friptura într-un castron. Amestecați sosul de soia, vinul sau sherry, zahărul și ghimbirul și amestecați cu friptura. Se lasa la marinat 1 ora. Scoateți friptura din marinadă. Se încălzește jumătate din ulei și se prăjesc lăstarii de bambus, ceapa, țelina și ardeiul iute timp de 3 minute și apoi se scot din tigaie. Se încălzește restul de ulei și se prăjește friptura timp de 3 minute. Se amestecă marinada, se aduce la fierbere și se adaugă legumele prăjite. Gatiti, amestecand, timp de 2 minute. Se amestecă bulionul și amidonul de porumb și se adaugă în tigaie. Se aduce la fierbere și se fierbe, amestecând continuu, până când sosul se limpezește și se îngroașă.

*Carne de vită cu varză chinezească*

Porti 4

*225 g carne de vită slabă*

*30 ml / 2 linguri ulei de arahide (arahide).*

*350 g varză chinezească, mărunțită*

*120 ml / 4 fl oz / ¬Ω cană de supă de vită*

*sare si piper proaspat macinat*

*10 ml / 2 linguri faina de porumb (amidon de porumb)*

*30 ml / 2 linguri de apă*

Tăiați carnea în felii subțiri împotriva bobului. Se încălzește uleiul și se prăjește carnea pana devine aurie. Adăugați varza chinezească și prăjiți până se înmoaie ușor. Se toarnă bulionul, se aduce la fierbere și se condimentează cu sare și piper. Acoperiți și fierbeți timp de 4 minute până când carnea este fragedă. Amestecați amidonul de porumb și apa, turnați în tigaie și gătiți, amestecând continuu, până când sosul se îngroașă.

*Carne de vită Suey*

Porti 4

*3 batoane de telina, feliate*
*100 g muguri de fasole*
*100 g broccoli*
*60 ml / 4 linguri ulei de arahide (arahide).*
*3 cepe primare (castron), tocate*
*2 catei de usturoi, macinati*
*1 felie radacina de ghimbir, tocata*
*225 g burtă de vită, tăiată fâșii*
*45 ml / 3 linguri de sos de soia*
*15 ml / 1 lingura vin de orez sau sherry uscat*
*5 ml/1 lingurita de sare*
*2,5 ml / ¬Ω lingurita zahar*
*piper proaspăt măcinat*
*15 ml / 1 lingură făină de porumb (amidon de porumb)*

Țelina, mugurii de fasole și broccoli se clătesc în apă clocotită timp de 2 minute, apoi se clătesc și se usucă. Se încălzesc 45 ml / 3 linguri de ulei și se prăjesc ceapa primăvară, usturoiul și ghimbirul până devin aurii. Adăugați carnea și prăjiți timp de 4 minute. Scoateți din tigaie. Încinge uleiul rămas și prăjește legumele în el timp de 3 minute. Adăugați carne de vită, sos de soia, vin sau sherry, sare, zahăr și puțin piper și amestecați timp de 2 minute. Amestecați amidonul de porumb cu puțină apă, turnați în tigaie și fierbeți, amestecând continuu, până când sosul se luminează și se îngroașă.

*Carne de vită cu castraveți*

Porti 4

*450g / 1lb carne de vită, feliată subțire*
*45 ml / 3 linguri de sos de soia*
*30 ml / 2 linguri faina de porumb (amidon de porumb)*
*60 ml / 4 linguri ulei de arahide (arahide).*
*2 castraveti, curatati de coaja, fara samburi si feliati*
*60 ml / 4 linguri supa de pui*
*30 ml / 2 linguri de vin de orez sau sherry uscat*
*sare si piper proaspat macinat*

Pune friptura într-un castron. Amestecați sosul de soia și amidonul de porumb și amestecați cu friptura. Se lasă la marinat 30 de minute. Se încălzește jumătate din ulei și se prăjesc castraveții timp de 3 minute până devin translucide, apoi se scot din tigaie. Se încălzește restul de ulei și se prăjește friptura până devine aurie. Adăugați castraveții și amestecați timp de 2 minute. Adăugați bulion, vin sau sherry și asezonați cu sare și piper. Aduceți la fierbere, acoperiți și gătiți timp de 3 minute.

*Chow Mein de vită*

Porti 4

*Friptură de spate 750 g / 1 ¬Ω lb*

*2 cepe*

*45 ml / 3 linguri de sos de soia*

*45 ml / 3 linguri vin de orez sau sherry uscat*

*15 ml / 1 lingura unt de arahide*

*5 ml / 1 linguriță suc de lămâie*

*350 g paste cu ou*

*60 ml / 4 linguri ulei de arahide (arahide).*

*175 ml / 6 fl oz / ¬œ cană bulion de pui*

*15 ml / 1 lingură făină de porumb (amidon de porumb)*

*30 ml / 2 linguri sos de stridii*

*4 cepe primare (castron), tocate*
*3 batoane de telina, feliate*
*100 g de ciuperci, tăiate felii*
*1 ardei verde, tăiat fâșii*
*100 g muguri de fasole*

Scoateți și tăiați grăsimea din carne. Tăiați parmezanul în cruce în felii subțiri. Tăiați ceapa în felii și despărțiți straturile. Amesteca 15 ml/1 lingura de sos de soia cu 15 ml/1 lingura de vin sau sherry, unt de arahide si zeama de lamaie. Adăugați carnea, acoperiți și lăsați să se odihnească 1 oră. Fierbeți tăițeii în apă clocotită aproximativ 5 minute sau până se înmoaie. Scurgeți bine. Se încălzește 15 ml / 1 lingură ulei, se adaugă 15 ml / 1 lingură sos de soia și tăițeii și se prăjesc timp de 2 minute până devin aurii. Transferați pe o farfurie caldă de servire.

Amestecați restul de sos de soia și vinul sau sherry cu bulionul, amidonul de porumb și sosul de stridii. Încinge 15 ml / 1 lingură de ulei și prăjește ceapa timp de 1 minut. Adăugați țelina, ciupercile, ardeiul și mugurii de fasole și amestecați timp de 2 minute. Scoateți din wok. Se încălzește uleiul rămas și se prăjește carnea în el până devine aurie. Adăugați bulionul, aduceți la fierbere, acoperiți și fierbeți timp de 3 minute. Întoarceți legumele în wok și gătiți, amestecând, până se încălzesc, aproximativ 4 minute. Se toarnă amestecul peste tăiței și se servește.

### Friptură de castraveți

Porti 4

*450 g friptură de căprioară*
*10 ml / 2 linguri faina de porumb (amidon de porumb)*
*10 ml / 2 lingurițe de sare*
*2,5 ml / ¬Ω lingurita piper proaspat macinat*
*90 ml / 6 linguri ulei de arahide (arahide).*
*1 ceapa, tocata marunt*
*1 castravete, curatat si tocat*
*120 ml / 4 fl oz / ¬Ω cană de supă de vită*

Tăiați friptura în fâșii și apoi în felii subțiri împotriva bobului. Se pune intr-un bol si se adauga amidon de porumb, sare, piper si jumatate din ulei. Se lasă la marinat 30 de minute. Se încălzește uleiul rămas și se prăjește carnea de vită și ceapa până devin aurii. Adăugați castraveții și supa, aduceți la fierbere, acoperiți și gătiți timp de 5 minute.

*Roast beef curry*

**Porti 4**

*45 ml / 3 linguri de unt*
*15 ml/1 lingura curry*
*45 ml / 3 linguri făină (toate scopuri).*
*375 ml / 13 fl oz / 1¬Ω cani de lapte*
*15 ml/1 lingura sos de soia*
*sare si piper proaspat macinat*
*450 g carne de vită fiartă, tocată*
*100 g de mazăre*
*2 morcovi, tocați*
*2 cepe, tocate*
*225 g orez cu bob lung, fiert*
*1 ou fiert tare (fiert), tăiat felii*

Topiți untul, adăugați curry și făina și gătiți timp de 1 minut. Adăugați laptele și sosul de soia, aduceți la fiert și gătiți, amestecând continuu, timp de 2 minute. Asezonați cu sare și piper. Adăugați carnea de vită, mazărea, morcovii și ceapa și amestecați bine pentru a acoperi sosul. Adăugați orezul, transferați amestecul pe o foaie de copt și coaceți în cuptorul preîncălzit la 200 ∞ C / 400 ∞ F / setarea gaz 6 timp de 20 de minute până când legumele sunt fragede. Oferim felii de ou fiert decorate.

*Midii marinate*

Porti 4

450 g / 1 lb abalone conservat

45 ml / 3 linguri de sos de soia

30 ml / 2 linguri de otet

5 ml/1 lingurita de zahar

câteva picături de ulei de susan

Scurgeți midiile și feliați sau tăiați fâșii subțiri. Se amestecă celelalte ingrediente, se toarnă peste midii și se amestecă bine. Acoperiți și lăsați la frigider pentru 1 oră.

*Lăstarii de bambus aburiți*

Porti 4

*60 ml / 4 linguri ulei de arahide (arahide).*
*225 g muguri de bambus tăiați fâșii*
*60 ml / 4 linguri supa de pui*
*15 ml/1 lingura sos de soia*
*5 ml/1 lingurita de zahar*
*5 ml / 1 linguriță vin de orez sau sherry uscat*

Se încălzește uleiul și se prăjesc lăstarii de bambus timp de 3 minute. Se amestecă bulionul, sosul de soia, zahărul și vinul sau sherry și se adaugă în tigaie. Acoperiți și lăsați să fiarbă 20 de minute. Se lasa la racit si se da la frigider inainte de servire.

*Pui cu castraveți*

## Porti 4

*1 castravete, curatat de coaja si fara samburi*
*225 g pui fiert, tăiat în bucăți mici*
*5 ml/1 linguriță de pudră de muștar*
*2,5 ml / ¬Ω linguriță de sare*
*30 ml / 2 linguri de otet*

Tăiați castraveții fâșii și puneți-le pe o farfurie de servire. Pune puiul deasupra. Se amestecă muștarul, sarea și oțetul și se toarnă peste pui chiar înainte de servire.

*Pui cu susan*

Porti 4

*350 g de pui fiert*
*120 ml / 4 fl oz / ½ cană de apă*
*5 ml/1 linguriță de pudră de muștar*
*15 ml/1 lingura de seminte de susan*
*2,5 ml / ½ linguriță de sare*
*Un praf de zahar*
*45 ml / 3 linguri coriandru proaspăt tocat*
*5 cepe primare (castron), tocate*
*½ cap de salata verde, maruntita*

Tăiați puiul în fâșii subțiri. Amestecați suficientă apă în muștar pentru a obține o pastă netedă și adăugați-o la pui. Prăjiți semințele de susan într-o tigaie uscată până la culoarea maro deschis, apoi adăugați-le în pui și stropiți cu sare și zahăr. Adăugați jumătate din pătrunjel și ceapa primăvară și amestecați bine. Se intinde varza pe o masa, se orneaza cu amestecul de pui si se orneaza cu restul de patrunjel.

*Lichi cu ghimbir*

Porti 4

*1 pepene mare, tăiat în jumătate și feliat*
*450 g / 1 lb conserve de litchi, scurse*
*5 cm / 2 tulpini de ghimbir, feliate*
*câteva frunze de mentă*

Umpleți jumătățile de pepene verde cu litchi și ghimbir, decorați cu frunze de mentă. Se răcește înainte de servire.

*Aripioare de pui fierte în roşu*

**Porti 4**

*8 aripioare de pui*
*2 cepe primare (ceapa tocata).*
*75 ml / 5 linguri sos de soia*
*120 ml / 4 fl oz / ¬Ω cană de apă*
*30 ml / 2 linguri de zahăr brun*

Tăiaţi şi aruncaţi vârfurile de os de pe aripioarele de pui şi tăiaţi-le în jumătate. Se pune intr-o oala impreuna cu celelalte ingrediente, se aduce la fierbere, se acopera si se fierbe 30 de minute. Scoateţi capacul şi gătiţi încă 15 minute, amestecând des. Se lasa sa se raceasca si apoi se da la frigider inainte de servire.

*Carne de crab cu castraveți*

## Porti 4

*100 g de fulgi de carne de crab*
*2 castraveti, curatati de coaja si feliati*
*1 felie radacina de ghimbir, tocata*
*15 ml/1 lingura sos de soia*
*30 ml / 2 linguri de otet*
*5 ml/1 lingurita de zahar*
*câteva picături de ulei de susan*

Puneți carnea de crab şi castraveții într-un castron. Se amestecă celelalte ingrediente, se toarnă peste el amestecul de crab şi se amestecă bine. Acoperiți şi lăsați la rece timp de 30 de minute înainte de servire.

*ciuperci marinate*

Porti 4

*225 g de ciuperci*
*30 ml/2 linguri de sos de soia*
*15 ml / 1 lingura vin de orez sau sherry uscat*
*putina sare*
*câteva picături de Tabasco*
*câteva picături de ulei de susan*

Fierbeți ciupercile timp de 2 minute în apă clocotită, apoi scurgeți și uscați. Se aseaza intr-un bol si se toarna peste celelalte ingrediente. Se amestecă bine și se lasă să se răcească înainte de servire.

*Ciuperci cu usturoi marinate*

Porti 4

*225 g de ciuperci*
*3 catei de usturoi, macinati*
*30 ml/2 linguri de sos de soia*
*30 ml / 2 linguri de vin de orez sau sherry uscat*
*15 ml/1 lingura ulei de susan*
*putina sare*

Puneți ciupercile și usturoiul într-o strecurătoare, acoperiți cu apă clocotită și lăsați să stea 3 minute. Se scurge si se usuca bine. Se amestecă celelalte ingrediente, se acoperă ciupercile cu marinada și se lasă la marinat 1 oră.

*Creveți și conopidă*

## Porti 4

*225 g buchețe de conopidă*
*100 g creveți decojiți*
*15 ml/1 lingura sos de soia*
*5 ml / 1 linguriță ulei de susan*

Fierbeți conopida separat timp de aproximativ 5 minute până când se înmoaie, dar încă crocantă. Se amestecă cu creveții, se stropesc cu sos de soia și ulei de susan și se amestecă. Se răcește înainte de servire.

*Bețișoare de șuncă de susan*

Porti 4

*225 g sunca taiata fasii*

*10 ml / 2 linguri de sos de soia*

*2,5 ml / ¬Ω linguriță ulei de susan*

Întindeți șunca pe o farfurie de servire. Amestecați sosul de soia și uleiul de susan, presărați șuncă deasupra și serviți.

*Tofu rece*

Porti 4

*450 g de tofu, tăiat felii*
*45 ml / 3 linguri de sos de soia*
*45 ml / 3 linguri ulei de arahide (arahide).*
*piper proaspăt măcinat*

Puneți tofu-ul câteva felii pe rând într-o strecurătoare și scufundați-l în apă clocotită timp de 40 de secunde, apoi scurgeți-l și puneți-l pe un platou de servire. Lăsăm să se răcească. Se amestecă sosul de soia și uleiul, se presară tofu deasupra și se servește presărat cu piper.

*Bacon de pui*

Porti 4

*225 g pui, tăiat în felii foarte subțiri*
*75 ml / 5 linguri sos de soia*
*15 ml / 1 lingura vin de orez sau sherry uscat*
*1 cățel de usturoi, presat*
*15 ml/1 lingura zahar brun*
*5 ml/1 lingurita de sare*
*5 ml/1 lingurita de radacina de ghimbir tocata*
*225 g bacon slab, taiat cubulete*
*100 g de castane, tăiate în felii foarte subțiri*
*30 ml / 2 linguri de miere*

Pune puiul într-un castron. Se amestecă 45 ml/3 linguri de sos de soia cu vin sau sherry, usturoi, zahăr, sare și ghimbir, se toarnă peste pui și se lasă la marinat aproximativ 3 ore. Așezați puiul, baconul și castanele pe o frigărui de kebab. Se amestecă restul de sos de soia cu miere și se întinde cu o frigărui. Grătiți (pâine prăjită) sub un grătar încins timp de aproximativ 10 minute până când este gata, întorcând des și ungeți cu toppinguri în timp ce se gătesc.

*Chips de pui și banane*

Porti 4

*2 piept de pui fierte*

*2 banane fierte tari*

*6 felii de paine*

*4 ouă*

*120 ml / 4 fl oz / ¬Ω cană de lapte*

*50 g / 2 oz / ¬Ω cană făină simplă (universal).*

*225 g / 8 oz / 4 căni pesmet proaspăt*

*uleiul prajit*

Tăiați puiul în 24 de bucăți. Curățați bananele și tăiați-le în sferturi pe lungime. Tăiați fiecare sfert în treimi pentru a face 24 de bucăți. Tăiați crusta de pe pâine și tăiați-o în sferturi. Bateți oul și laptele și ungeți o parte a pâinii. Pune o bucată de pui și o bucată de banană pe partea acoperită cu ou a fiecărei pâini. Pudrați ușor pătratele cu făină, apoi acoperiți-le cu ou și acoperiți-le cu pesmet. Amestecă din nou oul și pesmetul. Încinge uleiul și prăjește câteva pătrate până se rumenesc. Scurgeți pe hârtie de bucătărie înainte de servire.

*Pui cu ghimbir si ciuperci*

## Porti 4

*225 g piept de pui*

*5 ml / 1 linguriță de pudră de cinci condimente*

*15 ml / 1 lingură făină (toate scopuri).*

*120 ml / 4 fl oz / ¬Ω cană ulei de arahide (arahide).*

*4 eşalote, tăiate la jumătate*

*1 căţel de usturoi, feliat*

*1 felie radacina de ghimbir, tocata*

*25 g / 1 oz / ¬° cană caju*

*5 ml/1 lingurita de miere*

*15 ml/1 lingura de faina de orez*

*75 ml / 5 linguri vin de orez sau sherry uscat*

*100 g de ciuperci, tăiate în sferturi*

*2,5 ml / ¬Ω linguriță de turmeric*

*6 ardei iute galbeni, taiati la jumatate*

*5 ml / 1 linguriță sos de soia*

*¬ ¬ suc de lime*

*sare si piper*

*4 frunze crocante de salata verde*

Tăiați pieptul de pui în diagonală pe parmezan în fâșii subțiri. Se presară cu cinci mirodenii pudră și se acoperă ușor cu făină. Încinge 15 ml/1 lingură de ulei și prăjește puiul până se rumenește. Scoateți din tigaie. Încălziți puțin ulei și prăjiți eșalota, usturoiul, ghimbirul și caju pentru 1 minut. Adăugați mierea și amestecați până când legumele sunt acoperite. Se presară cu făină și se adaugă vin sau sherry. Adăugați ciupercile, turmeric și chilli și gătiți timp de 1 minut. Adăugați puiul, sosul de soia, jumătate din sucul de lămâie, sare și piper și încălziți. Scoateți din tigaie și păstrați la cald. Se încălzește puțin ulei, se adaugă frunzele de salată și se prăjesc repede, se condimentează cu sare și piper și zeama de lămâie rămasă. Aranjați frunzele de salată pe un vas cald, puneți deasupra carnea și legumele și serviți.

*Pui și șuncă*

## Porti 4

*225 g pui, tăiat în felii foarte subțiri*
*75 ml / 5 linguri sos de soia*
*15 ml / 1 lingura vin de orez sau sherry uscat*
*15 ml/1 lingura zahar brun*
*5 ml/1 lingurita de radacina de ghimbir tocata*
*1 cățel de usturoi, presat*
*225 g sunca fiarta taiata cubulete*
*30 ml / 2 linguri de miere*

Pune puiul într-un castron cu 45 ml/3 linguri sos de soia, vin sau sherry, zahăr, ghimbir și usturoi. Se lasa la marinat 3 ore. Așezați puiul și șunca pe o frigărui de kebab. Se amestecă restul de sos de soia cu miere și se întinde cu o frigărui. Grătiți (pâine prăjită) sub un grătar încins timp de aproximativ 10 minute, întorcându-le des și ungeți cu glazură în timp ce gătiți.

*Ficat de pui la gratar*

Porti 4

*450 g ficat de pui*
*45 ml / 3 linguri de sos de soia*
*15 ml / 1 lingura vin de orez sau sherry uscat*
*15 ml/1 lingura zahar brun*
*5 ml/1 lingurita de sare*
*5 ml/1 lingurita de radacina de ghimbir tocata*
*1 căţel de usturoi, presat*

Se fierbe ficatul de pui în apă clocotită timp de 2 minute, apoi se clăteşte bine. Puneţi într-un castron cu toate celelalte ingrediente, cu excepţia uleiului şi lăsaţi la marinat aproximativ 3 ore. Aşezaţi ficaţii de pui într-o frigărui de kebab şi puneţi-le pe grătar pe un grătar încins timp de aproximativ 8 minute până devin maro auriu.

*Biluțe de crab cu castan de apă*

Porti 4

*450 g carne de crab, tocata*

*100 g castane de apa, tocate*

*1 cățel de usturoi, presat*

*1 cm / ¬Ω rădăcină de ghimbir feliată, măcinată*

*45 ml / 3 linguri faina de porumb (amidon de porumb)*

*30 ml/2 linguri de sos de soia*

*15 ml / 1 lingura vin de orez sau sherry uscat*

*5 ml/1 lingurita de sare*

*5 ml/1 lingurita de zahar*

*3 oua, batute*

*uleiul prajit*

Se amestecă toate ingredientele cu excepția uleiului și se formează bile. Încinge uleiul și prăjește biluțele de crab până devin aurii. Scurgeți bine înainte de servire.

*Dim sum*

Porti 4

*100 g creveți decojiți, tăiați*
*225 g burtă de porc, tocată mărunt*
*50 g de varză chinezească tocată mărunt*
*3 cepe primare (castron), tocate*
*1 ou, batut*
*30 ml / 2 linguri faina de porumb (amidon de porumb)*
*10 ml / 2 linguri de sos de soia*
*5 ml / 1 linguriță ulei de susan*
*5 ml / 1 linguriță sos de stridii*
*24 de piei wonton*
*uleiul prajit*

Amestecați creveții, carnea de porc, varza și ceapa primăvară. Se amestecă ouăle, amidonul de porumb, sosul de soia, uleiul de susan și sosul de stridii. Puneți linguri de amestec în centrul fiecărei coajă wonton. Înfășurați cu atenție ambalajul în jurul umpluturii, inserând marginile, dar lăsând vârfurile deschise. Încălziți uleiul și prăjiți dim sum-ul câte puțin, până devin aurii. Se scurge bine si se serveste fierbinte.

*Rulouri cu șuncă și pui*

Porti 4

*2 piept de pui*

*1 cățel de usturoi, presat*

*2,5 ml / ¬Ω linguriță de sare*

*2,5 ml / ¬Ω linguriță de pudră de cinci condimente*

*4 felii de sunca fiarta*

*1 ou, batut*

*30 ml / 2 linguri de lapte*

*25 g / 1 oz / ¬° cană făină simplă (toate scopuri).*

*4 coji de ouă*

*uleiul prajit*

Tăiați pieptul de pui în jumătate. Bateți-le până sunt foarte subțiri. Se amestecă usturoiul, sarea și praful de cinci condimente și se presară peste pui. Pe fiecare bucată de pui se pune câte o felie de șuncă și se rulează bine. Amestecați ouăle și laptele împreună. Făină ușor bucățile de pui și apoi amestecă-le cu amestecul de ouă. Asezati fiecare bucata pe piele pe un sucitor si ungeti marginile cu ou batut. Îndoiți părțile laterale și apoi rulați-le, ciupind marginile pentru a sigila. Încinge uleiul și prăjește rulourile timp de aproximativ 5 minute până devin aurii maro și fiert. Scurgeți pe hârtie de bucătărie apoi tăiați în felii groase diagonale pentru a servi.

## Şuncă prăjită

Porti 4

*350 g / 12 oz / 3 căni de făină (toate scopuri).*

*175 g / 6 oz / ¬œ cană unt*

*120 ml / 4 fl oz / ¬Ω cană de apă*

*225 g sunca, taiata in felii*

*100 g muguri de bambus tocati*

*2 cepe primare (ceapa tocata).*

*15 ml/1 lingura sos de soia*

*30 ml / 2 linguri de seminte de susan*

Punem faina intr-un bol si adaugam untul. Se amestecă în apă pentru a face o pastă. Întindeți aluatul și tăiați-l în cercuri de 5 cm/2 cm. Se amestecă toate celelalte ingrediente, cu excepția semințelor de susan și se așează câte o lingură pe fiecare roată. Ungeți marginile croissantului cu apă și sigilați. Ungeți exteriorul cu apă și stropiți cu seminţe de susan. Coaceți în cuptorul preîncălzit la 180¬∞C / 350¬∞F / marca de gaz 4 timp de 30 de minute.

*Pește artificial afumat*

## Porti 4

*1 biban de mare*
*3 felii rădăcină de ghimbir, feliate*
*1 căţel de usturoi, presat*
*1 ceapa primavara (salota), adesea taiata felii*
*75 ml / 5 linguri sos de soia*
*30 ml / 2 linguri de vin de orez sau sherry uscat*
*2,5 ml / ¬Ω lingurita de anason macinat*
*2,5 ml / ¬Ω linguriţă ulei de susan*
*10 ml / 2 linguriţe de zahăr*
*120 ml / 4 fl oz / ¬Ω bulion de cană*
*uleiul prajit*
*5 ml / 1 linguriţă făină de porumb (amidon de porumb)*

Curăţaţi peştele şi tăiaţi-l în felii groase de fibre de 5 mm (¬° in). Amestecaţi ghimbirul, usturoiul, ceapa primăvară, 60 ml / 4 linguri de sos de soia, sherry, anason şi ulei de susan. Se toarnă pestele şi se fierbe până se înmoaie. Se lasa sa stea 2 ore, amestecand din cand in cand.

Scurgeți marinada din tigaie și tamponați peștele pe hârtie de bucătărie. Adăugați zahărul, sosul de soia și sosul de soia rămas

marinada, se aduce la fierbere și se fierbe timp de 1 minut. Dacă sosul trebuie să fie îngroșat, amestecați amidonul de porumb cu puțină apă rece, adăugați în sos și fierbeți, amestecând continuu, până când sosul se îngroașă.

Intre timp se incinge uleiul si se prajeste pestele pana devine auriu. Scurgeți bine. Înmuiați bucățile de pește în marinată și puneți-le pe un vas cald de servire. Serviți cald sau rece.

*Ciuperci prajite*

Porti 4

*12 capace mari de ciuperci uscate*
*225 g de carne de crab*
*3 castane de apa tocate*
*2 cepe primavara (castron), tocate marunt*
*1 albus de ou*
*15 ml / 1 lingură făină de porumb (amidon de porumb)*
*15 ml/1 lingura sos de soia*
*15 ml / 1 lingura vin de orez sau sherry uscat*

Înmuiați ciupercile în apă caldă peste noapte. Ștergeți uscat. Amestecați celelalte ingrediente și umpleți capacele de ciuperci. Puneți pe un gratar pentru abur și fierbeți la abur timp de 40 de minute. Se serveste fierbinte.

*Ciuperci în sos de stridii*

Porti 4

*10 ciuperci chinezești uscate*
*250 ml / 8 fl oz / 1 cană supă de vită*
*15 ml / 1 lingură făină de porumb (amidon de porumb)*
*30 ml / 2 linguri sos de stridii*
*5 ml / 1 linguriță vin de orez sau sherry uscat*

Înmuiați ciupercile în apă caldă timp de 30 de minute, apoi scurgeți și rezervați 250 ml / 8 fl oz / 1 cană de lichid de înmuiat. Aruncați tulpinile. Amesteca 60 ml / 4 linguri de supa de vita cu amidon de porumb pana obtii o pasta. Se încălzește bulionul de carne rămas cu ciuperci și lichid de ciuperci până la fierbere, se acoperă și se fierbe timp de 20 de minute. Scoateți ciupercile din lichid cu o oală și puneți-le pe o masă caldă. Adăugați în tigaie sosul de stridii și sherry și gătiți, amestecând, timp de 2 minute. Se amestecă pasta de amidon de porumb și se fierbe, amestecând, până se îngroașă sosul. Se toarnă peste ciuperci și se servește imediat.

*Rulouri de porc și salată*

Porti 4

*4 ciuperci chinezești uscate*

*15 ml/1 lingura ulei de arahide (arahide).*

*225 g carne slabă de porc, tocată*

*100 g muguri de bambus tocati*

*100 g castane de apa, tocate*

*4 cepe primare (castron), tocate*

*175 g de fulgi de carne de crab*

*30 ml / 2 linguri de vin de orez sau sherry uscat*

*15 ml/1 lingura sos de soia*

*10 ml / 2 linguri de sos de stridii*

*10 ml / 2 linguri ulei de susan*

*9 frunze chinezești*

Înmuiați ciupercile în apă caldă timp de 30 de minute, apoi scurgeți-le. Scoateți tulpinile și tăiați capacele. Încinge uleiul și prăjește carnea de porc timp de 5 minute. Adaugati ciupercile, lastarii de bambus, castanele, ceapa si carnea de crab si amestecati 2 minute. Amestecați vinul sau sherry, sosul de soia, sosul de stridii și uleiul de susan și amestecați în tigaie. Se ia de pe foc. Între timp, se fierb frunzele chinezești în apă clocotită timp de 1 minut


publica. Așezați o lingură din amestecul de porc în centrul fiecărei frunze, îndoiți părțile laterale și rulați pentru a servi.

*Chiftele de porc și castane*

Porti 4

*450 g carne de porc tocata (tocata).*
*50 g de ciuperci, tocate mărunt*
*50 g castane de apa, tocate marunt*
*1 căţel de usturoi, presat*
*1 ou, batut*
*30 ml/2 linguri de sos de soia*
*15 ml / 1 lingura vin de orez sau sherry uscat*
*5 ml/1 lingurita de radacina de ghimbir tocata*
*5 ml/1 lingurita de zahar*
*sare*
*30 ml / 2 linguri faina de porumb (amidon de porumb)*
*uleiul prajit*

Amestecați toate ingredientele, cu excepția amidonului de porumb, și formați bile din amestec. Întindeți amidonul de porumb. Încinge uleiul și prăjește chiftelele aproximativ 10 minute până devin aurii. Scurgeți bine înainte de servire.

*Chiflă de porc*

Va servi 4.6

*450 g / 1 liră făină (toate scopuri).*

*500 ml / 17 fl oz / 2 căni de apă*

*450 g carne de porc fiartă, tocată*

*225 g creveți curățați, tăiați*

*4 tulpini de telina, tocate*

*15 ml/1 lingura sos de soia*

*15 ml / 1 lingura vin de orez sau sherry uscat*

*15 ml/1 lingura ulei de susan*

*5 ml/1 lingurita de sare*

*2 cepe primavara (castron), tocate marunt*

*2 catei de usturoi, macinati*

*1 felie radacina de ghimbir, tocata*

Amestecați făina și apa până obțineți un aluat moale și frământați bine. Acoperiți și lăsați să se odihnească 10 minute. Se intinde aluatul cat mai subtire si se taie in cercuri de 5 cm. Se amestecă toate celelalte ingrediente împreună. Pe fiecare cerc se pune cate o lingura de amestec, se umezesc marginile si se inchid in jumatate de cerc. Aduceți o oală cu apă la fiert și scufundați cu grijă gnocchi.

*Chiftele de porc și vițel*

Porti 4

*100 g carne de porc tocata (tocata).*
*100 g vițel (tocat).*
*1 felie de slănină striată, tocată*
*15 ml/1 lingura sos de soia*
*sare si piper*
*1 ou, batut*
*30 ml / 2 linguri faina de porumb (amidon de porumb)*
*uleiul prajit*

Se amestecă carnea tocată și baconul și se condimentează cu sare și piper. Amestecați oul, formați bile de mărimea nucilor și stropiți cu amidon de porumb. Se încălzește uleiul și se prăjește până devin aurii. Scurgeți bine înainte de servire.

*Creveți fluture*

Porti 4

*450 g de creveți mari decojiți*
*15 ml/1 lingura sos de soia*
*5 ml / 1 linguriță vin de orez sau sherry uscat*
*5 ml/1 lingurita de radacina de ghimbir tocata*
*2,5 ml / ¬Ω linguriță de sare*
*2 ouă, bătute*
*30 ml / 2 linguri faina de porumb (amidon de porumb)*
*15 ml / 1 lingură făină (toate scopuri).*
uleiul prajit

Tăiați creveții în jumătate pe spate și rulați-i în formă de fluture. Amestecați sos de soia, vin sau sherry, ghimbir și sare. Se toarnă peste creveți și se lasă la marinat 30 de minute. Scoateți din marinadă și uscați. Bateți ouăle cu amidon de porumb și făină până obțineți un aluat și scufundați creveții în el. Se incinge uleiul si se prajesc crevetii pana devin aurii. Scurgeți bine înainte de servire.

*creveți chinezești*

## Porti 4

*450 g creveți fără coajă*
*30 ml / 2 linguri sos Worcestershire*
*15 ml/1 lingura sos de soia*
*15 ml / 1 lingura vin de orez sau sherry uscat*
*15 ml/1 lingura zahar brun*

Puneți creveții într-un castron. Se amestecă celelalte ingrediente, se toarnă peste creveți și se lasă la marinat timp de 30 de minute. Transferați pe o foaie de copt și coaceți într-un cuptor preîncălzit la 150¬∞C / 300¬∞F / nivel de gaz 2 timp de 25 de minute. Serviți cald sau rece cu scoici, astfel încât oaspeții să-și poată lua singuri.

*Norul Dragonului*

## Porti 4

*100 g biscuiti de creveti*

*uleiul prajit*

Încinge uleiul până este foarte fierbinte. Adăugați o mână de biscuiți cu creveți și prăjiți câteva secunde până se umflă. Scoatem din ulei si scurgem pe hartie de bucatarie si continuam sa prajim biscuitii.

*Creveți crocanți*

## Porti 4

*450 g creveți tigru decojiți*
*15 ml / 1 lingura vin de orez sau sherry uscat*
*10 ml / 2 linguri de sos de soia*
*5 ml / 1 linguriță de pudră de cinci condimente*
*sare si piper*
*90 ml / 6 linguri făină de porumb (amidon de porumb)*
*2 ouă, bătute*
*100 g pesmet*
*ulei de arahide pentru prajit*

Se amestecă creveții cu vin sau sherry, sos de soia și praf de cinci condimente și se condimentează cu sare și piper. Aruncă-le în mălai și apoi scufundă-le în omletă și pesmet. Se prajesc in ulei incins cateva minute pana devin aurii, apoi se scurg si se servesc imediat.

*Creveți cu sos de ghimbir*

Porti 4

*15 ml/1 lingura sos de soia*
*5 ml / 1 linguriță vin de orez sau sherry uscat*
*5 ml / 1 linguriță ulei de susan*
*450 g creveți decojiți*
*30 ml / 2 linguri patrunjel proaspat tocat*
*15 ml/1 lingura de otet*
*5 ml/1 lingurita de radacina de ghimbir tocata*

Amestecați sosul de soia, vinul sau sherry și uleiul de susan. Turnați peste creveți, acoperiți și marinați timp de 30 de minute. Creveții la grătar pentru câteva minute până sunt fierți și presărați marinada peste. Intre timp, adauga patrunjelul, otetul si ghimbirul pentru a servi cu crevetii.

*Rulouri cu creveți și tăiței*

Porti 4

*50 g paste cu ou, tăiate bucăți*

*15 ml/1 lingura ulei de arahide (arahide).*

*50 g carne de porc slaba, tocata marunt*

*100 g de ciuperci, tocate*

*3 cepe primare (castron), tocate*

*100 g creveți decojiți, tăiați*

*15 ml / 1 lingura vin de orez sau sherry uscat*

*sare si piper*

*24 de piei wonton*

*1 ou, batut*

*uleiul prajit*

Fierbeți tăițeii în apă clocotită timp de 5 minute, apoi scurgeți și tăiați bucăți. Încinge uleiul și prăjește carnea de porc timp de 4 minute. Adăugați ciupercile și ceapa și gătiți, amestecând, timp de 2 minute, apoi luați de pe foc. Adaugati crevetii, vinul sau sherry si taiteii si asezonati cu sare si piper. Turnați amestecul în centrul fiecărei coji wonton și ungeți marginile cu ou bătut. Îndoiți marginile și apoi rulați ambalajul și lipiți marginile împreună. Încinge uleiul și prăjește rulourile și mai multe la un moment dat, timp de aproximativ 5 minute, până se rumenesc. Scurgeți pe hârtie de bucătărie înainte de servire.

*pâine cu creveți*

## Porti 4

*2 oua 450 g creveti curatati, tocati*

*15 ml / 1 lingură făină de porumb (amidon de porumb)*

*1 ceapa, tocata marunt*

*30 ml/2 linguri de sos de soia*

*15 ml / 1 lingura vin de orez sau sherry uscat*

*5 ml/1 lingurita de sare*

*5 ml/1 lingurita de radacina de ghimbir tocata*

*8 felii de pâine, tăiate triunghiuri*

*uleiul prajit*

Se amestecă 1 ou cu toate celelalte ingrediente, cu excepția pâinii și a uleiului. Turnați amestecul pe triunghiurile pâinii și apăsați în cupolă. Ungeți cu oul rămas. Se incinge aproximativ 5 cm de ulei si se prajesc triunghiurile pana devin aurii. Scurgeți bine înainte de servire.

*Wonton de porc și creveți cu sos dulce-acru*

Porti 4

120 ml / 4 fl oz / ½ cană de apă

60 ml / 4 linguri de otet

60 ml / 4 linguri de zahăr brun

30 ml / 2 linguri pasta de tomate (paste)

10 ml / 2 linguri faina de porumb (amidon de porumb)

25 g ciuperci tocate

25 g creveți decojiți, tăiați

50 g carne slabă de porc, tocată

2 cepe primare (ceapa tocata).

5 ml / 1 linguriță sos de soia

2,5 ml / ½ linguriță de rădăcină de ghimbir rasă

1 cățel de usturoi, presat

24 de piei wonton

uleiul prajit

Amesteca intr-o oala apa, otetul, zaharul, piureul de rosii si amidonul de porumb. Se aduce la fierbere, amestecând constant, apoi se fierbe timp de 1 minut. Se ia de pe foc si se tine la cald.

Amestecați ciupercile, creveții, carnea de porc, ceapa primăvară, sosul de soia, ghimbirul și usturoiul. Așezați câte o lingură de umplutură pe fiecare piele, ungeți marginile cu apă și apăsați împreună pentru a sigila. Se încălzește uleiul și se prăjesc wontonurile câte puțin până devin aurii. Se scurge pe hartie de bucatarie si se serveste fierbinte cu sos dulce-acru.

*Supa de pui*

Face 2 litri / 3½ puncte / 8½ căni

*1,5 kg / 2 lb oase de pui fierte sau crude*

*450 g os de porc*

*1 cm / ½ rădăcină de ghimbir în bucăți*

*3 cepe de primăvară (cepe), tăiate felii*

*1 cățel de usturoi, presat*

*5 ml/1 lingurita de sare*

*2,25 litri / 4 pt / 10 căni de apă*

Aduceți toate ingredientele la fiert, acoperiți și gătiți timp de 15 minute. Scoateți grăsimea. Acoperiți și lăsați să fiarbă 1 oră și jumătate. Se filtrează, se răcesc și se scurg. Congelați în cantități mici sau puneți la frigider și utilizați în 2 zile.

*Supă de porc și muguri de fasole*

Porti 4

*450 g carne de porc tăiată cubulețe*
*1,5 L / 2½ puncte / 6 căni de supă de pui*
*5 felii de rădăcină de ghimbir*
*350 g muguri de fasole*
*15 ml/1 lingura de sare*

Fierbeți carnea de porc timp de 10 minute în apă clocotită, apoi scurgeți. Se aduce la fierbere și se adaugă carnea de porc și ghimbirul. Acoperiți și lăsați să fiarbă 50 de minute. Adăugați muguri de fasole și sare și gătiți timp de 20 de minute.

*Ciorbă fericită de pasăre și ciuperci*

Porti 4

*60 ml / 4 linguri ulei de arahide (arahide).*
*100 g burtă de porc, tăiată fâșii*
*225 g midii la conserva, tăiate fâșii*
*100 g de ciuperci, tăiate felii*
*2 batoane de telina, feliate*
*50 g sunca taiata fasii*
*2 cepe, feliate*
*1,5 L / 2½ puncte / 6 căni de apă*
*30 ml / 2 linguri de otet*
*45 ml / 3 linguri de sos de soia*
*2 felii de rădăcină de ghimbir, tocate*
*sare si piper proaspat macinat*
*15 ml / 1 lingură făină de porumb (amidon de porumb)*
*45 ml / 3 linguri de apă*

Se încălzește uleiul și se prăjește carnea de porc, midiile, ciupercile, țelina, șunca și ceapa timp de 8 minute. Adăugați apă și oțet, aduceți la fiert, acoperiți și gătiți timp de 20 de minute. Adăugați sos de soia, ghimbir, sare și piper. Amestecați amidonul de porumb până obțineți un aluat de apă, se toarnă în supă și se fierbe, amestecând continuu, timp de 5 minute până când supa se limpezește și se îngroașă.

*Supă de pui și sparanghel*

Porti 4

*100 g pui, tocat*

*2 albusuri*

*2,5 ml / ½ linguriță sare*

*30 ml / 2 linguri faina de porumb (amidon de porumb)*

*225 g sparanghel tăiat în bucăți de 5 cm*

*100 g muguri de fasole*

*1,5 L / 2½ puncte / 6 căni de supă de pui*

*100 g de ciuperci*

Se amestecă puiul cu albușurile, sarea și amidonul de porumb și se lasă să stea 30 de minute. Gatiti puiul in apa clocotita timp de aproximativ 10 minute pana este fiert, apoi scurgeti bine. Se fierbe sparanghelul în apă clocotită timp de 2 minute, apoi se scurge. Se albesc mugurii de fasole în apă clocotită timp de 3 minute, apoi se scurg. Turnați bulionul într-o cratiță mare și adăugați puiul, sparanghelul, ciupercile și mugurii de fasole. Se aduce la fierbere și se condimentează cu sare. Gatiti cateva minute pentru ca aromele sa se dezvolte si legumele sa nu fie moi, dar tot crocante.

*Supa de vită*

Porti 4

*225 g / 8 oz carne de vită (măcinată).*
*15 ml/1 lingura sos de soia*
*15 ml / 1 lingura vin de orez sau sherry uscat*
*15 ml / 1 lingură făină de porumb (amidon de porumb)*
*1,2 L / 2 puncte / 5 cesti supa de pui*
*5 ml / 1 linguriță sos chili*
*sare si piper*
*2 ouă, bătute*
*6 cepe primare (castron), tocate*

Amestecați carnea cu sos de soia, vin sau sherry și amidon de porumb. Se adaugă în bulion și se aduce la fierbere, amestecând continuu. Adaugati sosul chili si asezonati cu sare si piper, acoperiti si gatiti aproximativ 10 minute, amestecand din cand in cand. Se amestecă ouăle și se servesc stropite cu ceapă primăvară.

*Supă chinezească de vită și frunze*

Porti 4

*200 g carne slabă de vită, tăiată fâșii*
*15 ml/1 lingura sos de soia*
*15 ml/1 lingura ulei de arahide (arahide).*
*1,5 L / 2½ puncte / 6 căni de supă de vită*
*5 ml/1 lingurita de sare*
*2,5 ml / ½ linguriță de zahăr*
*½ cap frunze chinezești tăiate în bucăți*

Se amestecă carnea cu sosul de soia și uleiul și se lasă la marinat 30 de minute, amestecând din când în când. Aduceți bulionul cu sare și zahăr la fiert, adăugați frunze chinezești și gătiți aproximativ 10 minute până aproape fiert. Adăugați carnea și fierbeți încă 5 minute.

*Supă de varză*

Porti 4

*60 ml / 4 linguri ulei de arahide (arahide).*

*2 cepe, tocate*

*100 g burtă de porc, tăiată fâșii*

*225 g varză chinezească, mărunțită*

*10 ml / 2 lingurițe de zahăr*

*1,2 L / 2 puncte / 5 cesti supa de pui*

*45 ml / 3 linguri de sos de soia*

*sare si piper*

*15 ml / 1 lingură făină de porumb (amidon de porumb)*

Se încălzește uleiul și se prăjește ceapa și carnea de porc până devin aurii. Se adauga varza si zaharul si se prajesc 5 minute, amestecand continuu. Se adauga bulionul si sosul de soia si se condimenteaza cu sare si piper. Aduceți la fierbere, acoperiți și gătiți timp de 20 de minute. Amestecați amidonul de porumb cu puțină apă, adăugați în supă și fierbeți, amestecând continuu, până când supa se îngroașă și devine transparentă.

*Supa picanta de vita*

Porti 4

*45 ml / 3 linguri ulei de arahide (arahide).*

*1 cățel de usturoi, presat*

*5 ml/1 lingurita de sare*

*225 g / 8 oz carne de vită (măcinată).*

*6 cepe primare (castron), taiate fasii*

*1 ardei gras rosu, taiat fasii*

*1 ardei verde, tăiat fâșii*

*225 g varză, tocată*

*1 L / 1¾ pt / 4¼ cani supa de vita*

*30 ml / 2 linguri sos de prune*

*30 ml / 2 linguri sos hoisin*

*45 ml / 3 linguri de sos de soia*

*2 bucăți de ghimbir fără tulpină, tocate*

*2 oua*

*5 ml / 1 linguriță ulei de susan*

*225 g taitei transparenti, inmuiati*

Se încălzește uleiul și se prăjește usturoiul și sarea până devin aurii. Adăugați carnea și prăjiți-o repede. Adăugați legumele și amestecați până devin translucide. Adăugați bulion, sos de prune, sos hoisin, 30ml/2

linguri de sos de soia și ghimbir, aduceți la fiert și gătiți timp de 10 minute. Bateți ouăle cu uleiul de susan și sosul de soia rămas. Adăugați supa cu tăiței și gătiți, amestecând continuu, până când ouăle formează fire și tăițeii sunt fragezi.

*Supa cerească*

Porti 4

*2 cepe primare (ceapa tocata).*
*1 cățel de usturoi, presat*
*30 ml / 2 linguri patrunjel proaspat tocat*
*5 ml/1 lingurita de sare*
*15 ml/1 lingura ulei de arahide (arahide).*
*30 ml/2 linguri de sos de soia*
*1,5 L / 2½ puncte / 6 căni de apă*

Amestecați ceapa primăvară, usturoiul, pătrunjelul, sarea, uleiul și sosul de soia. Aduceți apa la fiert, turnați peste amestecul de ceapă primăvară și lăsați să stea 3 minute.

*Supă cu pui și muguri de bambus*

### Porti 4

*2 pulpe de pui*
*30 ml / 2 linguri ulei de arahide (arahide).*
*5 ml / 1 linguriță vin de orez sau sherry uscat*
*1,5 L / 2½ puncte / 6 căni de supă de pui*
*3 cepe de primăvară, tăiate felii*
*100 g muguri de bambus, tăiați în bucăți*
*5 ml/1 lingurita de radacina de ghimbir tocata*
*sare*

Dezosați puiul și tăiați carnea în bucăți. Încinge uleiul și prăjește puiul pe toate părțile până se prăjește. Adăugați bulionul, ceapa, lăstarii de bambus și ghimbirul, aduceți la fiert și gătiți aproximativ 20 de minute până când puiul este fraged. Asezonați cu sare înainte de servire.

*Supă de pui și porumb*

Porti 4

*1 L / 1¾ pt / 4¼ cani supa de pui*
*100 g carne de pui, tocata*
*200 g crema de porumb*
*tăiați șunca, tăiați-o*
*ou bătut*
*15 ml / 1 lingura vin de orez sau sherry uscat*

Aduceți bulionul și puiul la fiert, acoperiți și lăsați să fiarbă 15 minute. Adăugați porumb și șuncă, acoperiți și gătiți timp de 5 minute. Adăugați ouăle și sherry și amestecați ușor cu un băț pentru a forma fire de ouă. Se ia de pe foc, se acopera si se lasa sa se odihneasca 3 minute inainte de servire.

*Supă de pui și ghimbir*

Porti 4

*4 ciuperci chinezești uscate*
*1,5 L / 2½ puncte / 6 căni de apă sau supă de pui*
*225 g carne de pui, tăiată cubulețe*
*10 felii de rădăcină de ghimbir*
*5 ml / 1 linguriță vin de orez sau sherry uscat*
*sare*

Înmuiați ciupercile în apă caldă timp de 30 de minute, apoi scurgeți-le. Aruncați tulpinile. Încălziți apa sau fierbeți cu celelalte ingrediente și gătiți aproximativ 20 de minute până când puiul este gătit.

*Supă de pui cu ciuperci chinezești*

Porti 4

*25 g de ciuperci chinezești uscate*
*100 g pui, tocat*
*50 g muguri de bambus mărunțiți*
*30 ml/2 linguri de sos de soia*
*30 ml / 2 linguri de vin de orez sau sherry uscat*
*1,2 L / 2 puncte / 5 cesti supa de pui*

Înmuiați ciupercile în apă caldă timp de 30 de minute, apoi scurgeți-le. Scoateți tulpinile și tăiați capacele. Se albesc ciupercile, puiul și mugurii de bambus în apă clocotită timp de 30 de secunde, apoi se clătesc. Pune-le într-un bol și amestecă sosul de soia cu vinul sau sherry. Se lasa la marinat 1 ora. Se aduce la fierbere, se adaugă amestecul de pui și marinada. Se amestecă bine și se fierbe câteva minute până când puiul este bine fiert.

*Supă de pui și orez*

## Porti 4

*1 L / 1¾ pt / 4¼ cani supa de pui*
*225 g / 8 oz / 1 cană de orez cu bob lung gătit*
*100 g pui fiert tăiat fâșii*
*1 ceapă, tăiată felii*
*5 ml / 1 linguriță sos de soia*

Încălzește toate ingredientele împreună până se fierb fără a fierbe supa.

## Supă de pui și nucă de cocos

**Porti 4**

*350 g piept de pui*

*sare*

*10 ml / 2 linguri faina de porumb (amidon de porumb)*

*30 ml / 2 linguri ulei de arahide (arahide).*

*1 ardei iute verde, tocat*

*1 L / 1¾ pt / 4¼ cani lapte de cocos*

*5 ml/1 linguriță coajă de lămâie rasă*

*12 litki*

*un praf de nucsoara rasa*

*sare si piper proaspat macinat*

*2 frunze de melisa*

Tăiați pieptul de pui în diagonală din parmezan în fâșii. Se presară cu sare și se presară cu amidon de porumb. Se încălzește 10 ml / 2 linguri de ulei într-un wok, se întoarce și se toarnă. Repetați încă o dată. Încinge uleiul rămas și prăjește puiul și ardeiul iute timp de 1 minut. Adăugați laptele de cocos și aduceți la fierbere. Adăugați coaja de lămâie și gătiți timp de 5 minute. Adauga litchi, asezoneaza cu nucsoara, sare si piper si serveste garnisit cu melisa.

*Supă de scoici*

Porti 4

*2 ciuperci chinezești uscate*
*12 scoici, înmuiate și spălate*
*1,5 L / 2½ puncte / 6 căni de supă de pui*
*50 g muguri de bambus mărunțiți*
*50 g mangetout (fasole), tăiată la jumătate*
*2 cepe primare (castron), taiate rondele*
*15 ml / 1 lingura vin de orez sau sherry uscat*
*un praf de piper proaspat macinat*

Înmuiați ciupercile în apă caldă timp de 30 de minute, apoi scurgeți-le. Scoateți tulpinile și tăiați capacele în jumătate. Coicile se fierb la abur aproximativ 5 minute, până se deschid; aruncați-le pe cele care sunt încă închise. Scoateți scoicile din coajă. Aduceți la fierbere și adăugați ciupercile, lăstarii de bambus, mazărea de zăpadă și ceapa primăvară. Gatiti descoperit timp de 2 minute. Adăugați scoici, vin sau sherry și piper și gătiți până se încălzesc.

*Supă de ouă*

Porti 4

*1,2 L / 2 puncte / 5 cesti supa de pui*
*3 oua, batute*
*45 ml / 3 linguri de sos de soia*
*sare si piper proaspat macinat*
*4 cepe primare (salote), taiate felii*

Se aduce la fierbere. Bateți treptat ouăle bătute pentru a le separa în fire. Adăugați sosul de soia și asezonați cu sare și piper. Se serveste ornat cu ceapa primavara.

*Ciorbă de crab și scoici*

Porti 4

*4 ciuperci chinezești uscate*

*15 ml/1 lingura ulei de arahide (arahide).*

*1 ou, batut*

*1,5 L / 2½ puncte / 6 căni de supă de pui*

*175 g de fulgi de carne de crab*

*100 g scoici în coajă, tăiate felii*

*100 g muguri de bambus, tăiați în felii*

*2 cepe primare (ceapa tocata).*

*1 felie radacina de ghimbir, tocata*

*câțiva creveți fierți și curățați (opțional)*

*45 ml / 3 linguri faina de porumb (amidon de porumb)*

*90 ml / 6 linguri de apă*

*30 ml / 2 linguri de vin de orez sau sherry uscat*

*20 ml / 4 linguri de sos de soia*

*2 albusuri*

Înmuiați ciupercile în apă caldă timp de 30 de minute, apoi scurgeți-le. Scoateți tulpinile și tăiați capacele subțiri. Se încălzește uleiul, se adaugă oul și se înclină tigaia astfel încât oul să acopere fundul. Gatiti pana se strecoară, se întoarce și se prăjește pe cealaltă parte. Scoateți din tavă, rulați și tăiați în fâșii subțiri.

Se aduce la fierbere, se adaugă ciuperci, fâșii de ouă, carne de crab, midii, muguri de bambus, ceapă, ghimbir și eventual creveți. Se aduce înapoi la fierbere. Amestecați amidonul de porumb cu 60 ml / 4 linguri de apă, vin sau sherry și sos de soia și amestecați în supă. Gatiti, amestecand, pana cand supa se ingroasa. Albusurile se bat spuma cu apa ramasa pana se intaresc si se toarna incet amestecul in supa amestecand energic.

*Supă de crabi*

Porti 4

*90 ml / 6 linguri ulei de arahide (arahide).*

*3 cepe, tocate*

*225 g de carne de crab albă și maro*

*1 felie radacina de ghimbir, tocata*

*1,2 L / 2 puncte / 5 cesti supa de pui*

*150 ml / ¼ pt / cană vin de orez sau sherry uscat*

*45 ml / 3 linguri de sos de soia*

*sare si piper proaspat macinat*

Încinge uleiul și prăjește ceapa până când se înmoaie, dar nu devine aurie. Adăugați carne de crab și ghimbir și amestecați timp de 5 minute. Adăugați bulion, vin sau sherry și sos de soia, asezonați cu sare și piper. Se aduce la fierbere și apoi se fierbe timp de 5 minute.

*Ciorba de peste*

Porti 4

*225 g file de pește*
*1 felie radacina de ghimbir, tocata*
*15 ml / 1 lingura vin de orez sau sherry uscat*
*30 ml / 2 linguri ulei de arahide (arahide).*
*1,5 L / 2½ puncte / 6 cesti supa de peste*

Tăiați peștele în fâșii subțiri lângă piele. Amestecați ghimbirul, vinul sau sherry și uleiul, adăugați peștele și amestecați ușor. Se lasă la marinat timp de 30 de minute, amestecând din când în când. Se aduce la fierbere, se adaugă peștele și se fierbe timp de 3 minute.

*Supă de pește și cap*

Porti 4

*225 g fileuri de pește alb*

*30 ml / 2 linguri făină (toate scopuri).*

*sare si piper proaspat macinat*

*90 ml / 6 linguri ulei de arahide (arahide).*

*6 cepe de primăvară (șalote), tăiate felii*

*100 g salata verde, tocata*

*1,2 l / 2 pt / 5 căni de apă*

*10 ml / 2 lingurițe rădăcină de ghimbir tocată mărunt*

*150 ml / ¼ pt / ½ cană generos de vin de orez sau sherry uscat*

*30 ml / 2 linguri faina de porumb (amidon de porumb)*

*30 ml / 2 linguri patrunjel proaspat tocat*

*10 ml / 2 lingurite suc de lamaie*

*30 ml/2 linguri de sos de soia*

Tăiați peștele fâșii subțiri și apoi presărați-l peste făină asezonată. Se incinge uleiul si se caleste ceapa primavara pana se inmoaie. Adăugați salata și prăjiți timp de 2 minute. Adăugați peștele și gătiți timp de 4 minute. Adăugați apa, ghimbirul și vinul sau sherry, aduceți la fierbere, acoperiți și fierbeți timp de 5 minute. Amesteca amidonul de porumb cu putina apa si apoi adauga in supa. Gatiti, amestecand inca 4 minute, pana cand supa devine supa

se uşurează şi se condimentează cu sare şi piper. Se serveste stropita cu patrunjel, suc de lamaie si sos de soia.

*Supă de ghimbir cu găluște*

Porti 4

*5 cm / 2 bucati de radacina de ghimbir, rasa*
*350 g zahăr brun*
*1,5 L / 2½ puncte / 7 căni de apă*
*225 g / 8 oz / 2 căni de făină de orez*
*2,5 ml / ½ linguriță sare*
*60 ml / 4 linguri de apă*

Intr-o cratita se pune ghimbirul, zaharul si apa si se aduce la fierbere, amestecand continuu. Acoperiți și gătiți aproximativ 20 de minute. Strecurați supa și puneți-o înapoi în tigaie.

Între timp, puneți făina și sarea într-un bol și amestecați puțin câte puțin cu apă cât să faceți un aluat gros. Formați bile și turnați gnocchi în supă. Aduceți din nou la fierbere, acoperiți și fierbeți încă 6 minute până când gnocchi sunt fierți.

*Supă fierbinte și acră*

## Porti 4

*8 ciuperci chinezești uscate*
*1 L / 1¾ pt / 4¼ cani supa de pui*
*100 g carne de pui, tăiată fâșii*
*100 g muguri de bambus tăiați în fâșii*
*100 g de tofu, tăiat fâșii*
*15 ml/1 lingura sos de soia*
*30 ml / 2 linguri de otet*
*30 ml / 2 linguri faina de porumb (amidon de porumb)*
*2 ouă, bătute*
*câteva picături de ulei de susan*

Înmuiați ciupercile în apă caldă timp de 30 de minute, apoi scurgeți-le. Scoateți tulpinile și tăiați capacele în fâșii. Aduceți ciupercile, bulionul, puiul, lăstarii de bambus și tofu la fierbere, acoperiți și fierbeți timp de 10 minute. Amestecați sosul de soia, oțetul și amidonul de porumb până la omogenizare, adăugați în supă și gătiți timp de 2 minute până când supa devine translucidă. Adaugam incet oul si uleiul de susan si amestecam cu un bat. Acoperiți și lăsați să se odihnească 2 minute înainte de servire.

*Supa de ciuperci*

Porti 4

*15 ciuperci chinezești uscate*
*1,5 L / 2½ puncte / 6 căni de supă de pui*
*5 ml/1 lingurita de sare*

Înmuiați ciupercile în apă caldă timp de 30 de minute și scurgeți, rezervând lichidul. Scoateți tulpinile și tăiați capacele în jumătate dacă sunt mari și puneți-le într-un castron mare termorezistent. Așezați vasul pe grătarul pentru abur. Se aduce la fierbere, se toarnă peste ciuperci, se acoperă și se fierbe timp de 1 oră în apă clocotită. Se condimentează cu sare și se servește.

*Ciorba de ciuperci si varza*

**Porti 4**

*25 g de ciuperci chinezești uscate*

*15 ml/1 lingura ulei de arahide (arahide).*

*50 g / 2 oz frunze chinezești, tocate*

*15 ml / 1 lingura vin de orez sau sherry uscat*

*15 ml/1 lingura sos de soia*

*1,2 L / 2 puncte / 5 căni supă de pui sau legume*

*sare si piper proaspat macinat*

*5 ml / 1 linguriță ulei de susan*

Înmuiați ciupercile în apă caldă timp de 30 de minute, apoi scurgeți-le. Scoateți tulpinile și tăiați capacele. Încinge uleiul și prăjește ciupercile și frunzele chinezești timp de 2 minute până se îmbracă bine. Se ornează cu vin sau sherry și sos de soia, apoi se adaugă bulionul. Se aduce la fierbere, se condimentează cu sare și piper și se fierbe timp de 5 minute. Ungeți cu ulei de susan înainte de servire.

*Supa de ciuperci*

Porti 4

*1 L / 1¾ pt / 4¼ cani supa de pui*
*30 ml / 2 linguri faina de porumb (amidon de porumb)*
*100 g de ciuperci, tăiate felii*
*1 felie de ceapa, tocata marunt*
*putina sare*
*3 picături de ulei de susan*
*2,5 ml / ½ linguriță sos de soia*
*1 ou, batut*

Amesteca putin din supa cu amidonul de porumb si apoi amesteca toate ingredientele cu exceptia oului. Aduceți la fiert, acoperiți și gătiți timp de 5 minute. Se adauga oul, se amesteca cu un bat, astfel incat oul sa formeze siruri. Se ia de pe foc si se lasa sa se odihneasca 2 minute inainte de servire.

*Supă apoasă de ciuperci și castane*

Porti 4

*1 l / 1¾ pt / 4¼ cani bulion de legume sau apa*
*2 cepe, tocate mărunt*
*5 ml / 1 linguriță vin de orez sau sherry uscat*
*30 ml/2 linguri de sos de soia*
*225 g de ciuperci*
*100 g de castane, tăiate felii*
*100 g muguri de bambus, tăiați în felii*
*câteva picături de ulei de susan*
*2 frunze de salata verde, taiate bucatele*
*2 cepe primare (castron), taiate bucatele*

Aduceți apa, ceapa, vinul sau sherry și sosul de soia la fiert, acoperiți și gătiți timp de 10 minute. Adăugați ciupercile, castanele și lăstarii de bambus, acoperiți și gătiți timp de 5 minute. Se adauga uleiul de susan, frunzele de salata verde si ceapa primavara, se ia de pe foc, se acopera si se lasa sa se odihneasca 1 minut inainte de servire.

*Supă de porc și ciuperci*

Porti 4

*60 ml / 4 linguri ulei de arahide (arahide).*
*1 cățel de usturoi, presat*
*2 cepe, feliate*
*225 g burtă de porc, tăiată fâșii*
*1 tulpina de telina, tocata*
*50 g de ciuperci, tăiate felii*
*2 morcovi, feliați*
*1,2 L / 2 puncte / 5 căni de supă de vită*
*15 ml/1 lingura sos de soia*
*sare si piper proaspat macinat*
*15 ml / 1 lingură făină de porumb (amidon de porumb)*

Se încălzește uleiul și se prăjește usturoiul, ceapa și carnea de porc până când ceapa este moale și ușor rumenită. Adăugați țelina, ciupercile și morcovii, acoperiți și fierbeți ușor timp de 10 minute. Se aduce la fierbere, apoi se adaugă în tigaia cu sosul de soia și se condimentează cu sare și piper. Amestecați amidonul de porumb cu puțină apă, apoi turnați-l în tigaie și gătiți aproximativ 5 minute, amestecând continuu.

*Supă de porc și cireșe*

## Porti 4

*1,5 L / 2½ puncte / 6 căni de supă de pui*
*100 g burtă de porc, tăiată fâșii*
*3 tulpini de țelină, tăiate în diagonală*
*2 cepe de primăvară (cepe), tăiate felii*
*1 buchet de cardamom*
*5 ml/1 lingurita de sare*

Aduceți la fierbere, adăugați carnea de porc și țelina, acoperiți și gătiți timp de 15 minute. Se adaugă ceapa primăvară, cresonul și sarea și se fierbe neacoperit timp de aproximativ 4 minute.

*Supă de porc și castraveți*

Porti 4

*100 g burtă de porc, feliată subțire*
*5 ml / 1 linguriță făină de porumb (amidon de porumb)*
*15 ml/1 lingura sos de soia*
*15 ml / 1 lingura vin de orez sau sherry uscat*
*1 castravete*
*1,5 L / 2½ puncte / 6 căni de supă de pui*
*5 ml/1 lingurita de sare*

Amestecați carnea de porc, amidonul de porumb, sosul de soia și vinul sau sherry. Se amestecă pentru a acoperi carnea de porc. Curățați castraveții și tăiați-l în jumătate pe lungime, apoi îndepărtați semințele. Tocați grosier. Aduceți la fierbere, adăugați carnea de porc, acoperiți și gătiți timp de 10 minute. Adăugați castravetele și gătiți câteva minute până devine translucid. Amestecați sare și adăugați puțin sos de soia după gust.

*Supă cu chiftelute și tăiței*

Porti 4

*50 g taitei de orez*

*225 g carne de porc tocata (tocata).*

*5 ml / 1 linguriță făină de porumb (amidon de porumb)*

*2,5 ml / ½ linguriță sare*

*30 ml / 2 linguri de apă*

*1,5 L / 2½ puncte / 6 căni de supă de pui*

*1 ceapa primavara (salota), tocata marunt*

*5 ml / 1 linguriță sos de soia*

În timp ce pregătiți chiftelele, înmuiați tăiței în apă rece. Amestecați carnea de porc, amidonul de porumb, puțină sare și apă și formați bile de mărimea unei nuci. Aduceți o oală cu apă la fiert, turnați bilutele de porc, acoperiți și fierbeți timp de 5 minute. Scurgeți bine și scurgeți tăiței. Se aduce la fierbere, se adaugă bile și tăiței de porc, se acoperă și se fierbe timp de 5 minute. Adăugați ceapa, sosul de soia și restul de sare și gătiți încă 2 minute.

*Supă de spanac și tofu*

Porti 4

*1,2 L / 2 puncte / 5 cesti supa de pui*
*200 g rosii conservate, scurse si tocate*
*225 g tofu, tăiat cubulețe*
*225 g spanac, tocat*
*30 ml/2 linguri de sos de soia*
*5 ml/1 lingurita de zahar brun*
*sare si piper proaspat macinat*

Se aduce la fierbere, apoi se adaugă roșiile, tofu și spanacul și se amestecă ușor. Se aduce din nou la fierbere și se fierbe timp de 5 minute. Adaugati sosul de soia si zaharul si asezonati cu sare si piper. Se fierbe 1 minut înainte de servire.

*Supă de porumb dulce și crab*

Porti 4

*1,2 L / 2 puncte / 5 cesti supa de pui*

*200 g de porumb*

*sare si piper proaspat macinat*

*1 ou, batut*

*200 g de fulgi de carne de crab*

*3 salote, tocate*

Se aduce la fierbere, se adauga porumbul si se condimenteaza cu sare si piper. Gatiti 5 minute. Chiar înainte de servire, turnați oul peste cu o furculiță și amestecați cu supa. Serviți acoperit cu carne de crab și eșalotă tocată.

## Supă de Szechuan

### Porti 4

4 ciuperci chinezești uscate

1,5 L / 2½ puncte / 6 căni de supă de pui

75 ml / 5 linguri de vin alb sec

15 ml/1 lingura sos de soia

2,5 ml / ½ linguriță sos chili

30 ml / 2 linguri faina de porumb (amidon de porumb)

60 ml / 4 linguri de apă

100 g burtă de porc, tăiată fâșii

50 g sunca fiarta taiata fasii

1 ardei gras rosu, taiat fasii

50 g de castane, tăiate felii

10 ml / 2 lingurițe de oțet

5 ml / 1 linguriță ulei de susan

1 ou, batut

100 g creveți decojiți

6 cepe primare (castron), tocate

175 g tofu, tăiat cubulețe

Înmuiați ciupercile în apă caldă timp de 30 de minute, apoi scurgeți-le. Scoateți tulpinile și tăiați capacele. Aduceți bulion, vin, soia

sosul și sosul chili la fiert, acoperiți și gătiți timp de 5 minute. Amesteca amidonul de porumb cu jumatate din apa si adauga in supa si amesteca pana cand supa se ingroasa. Adăugați ciupercile, carnea de porc, șunca, ardeiul și castanele de apă și gătiți timp de 5 minute. Se amestecă oțetul și uleiul de susan. Batem ouale cu apa ramasa si turnam in supa amestecand energic. Adăugați creveții, ceapa și tofu și gătiți câteva minute pentru a se încălzi.

*Supă de tofu*

Porti 4

*1,5 L / 2½ puncte / 6 căni de supă de pui*
*225 g tofu, tăiat cubulețe*
*5 ml/1 lingurita de sare*
*5 ml / 1 linguriță sos de soia*

Aduceți la fiert și adăugați tofu, sare și sosul de soia. Gatiti cateva minute pana cand tofu este fierbinte.

*Supă de tofu și pește*

Porti 4

*225 g fileuri de pește alb, tăiate fâșii*
*150 ml / ¼ pt / ½ cană generos de vin de orez sau sherry uscat*
*10 ml / 2 lingurițe rădăcină de ghimbir tocată mărunt*
*45 ml / 3 linguri de sos de soia*
*2,5 ml / ½ linguriță sare*
*60 ml / 4 linguri ulei de arahide (arahide).*
*2 cepe, tocate*
*100 g de ciuperci, tăiate felii*
*1,2 L / 2 puncte / 5 cesti supa de pui*
*100 g tofu, tăiat cubulețe*
*sare si piper proaspat macinat*

Puneți peștele într-un castron. Amestecați vinul sau sherry, ghimbirul, sosul de soia și sarea și turnați peste pește. Se lasă la marinat 30 de minute. Încinge uleiul și prăjește ceapa timp de 2 minute. Adăugați ciupercile și continuați să prăjiți până când ceapa este moale, dar nu aurie. Adăugați peștele și marinada, aduceți la fiert, acoperiți și gătiți timp de 5 minute. Se toarnă bulionul, se aduce din nou la fiert, se acoperă și se fierbe timp de

15 minute. Adauga tofu si asezoneaza cu sare si piper. Gatiti pana cand tofu este fiert.

*supă de roșii*

Porti 4

*400 g rosii conservate, scurse si tocate*
*1,2 L / 2 puncte / 5 cesti supa de pui*
*1 felie radacina de ghimbir, tocata*
*15 ml/1 lingura sos de soia*
*15 ml/1 lingura sos chili*
*10 ml / 2 lingurițe de zahăr*

Punem toate ingredientele într-o tigaie și aducem la fiert, amestecând din când în când. Se fierbe aproximativ 10 minute înainte de servire.

*Supă de roșii și spanac*

Porti 4

*1,2 L / 2 puncte / 5 cesti supa de pui*

*225 g conserve de roșii*

*225 g tofu, tăiat cubulețe*

*225 g spanac*

*30 ml/2 linguri de sos de soia*

*sare si piper proaspat macinat*

*2,5 ml / ½ linguriță de zahăr*

*2,5 ml / ½ linguriță vin de orez sau sherry uscat*

Se aduce la fierbere, apoi se adaugă roșiile, tofu și spanacul și se fierb timp de 2 minute. Adăugați restul ingredientelor și gătiți timp de 2 minute, apoi amestecați bine și serviți.

*Supa de napi*

Porti 4

1 L / 1¾ pt / 4¼ cani supa de pui
1 sfeclă mare, feliată subțire
200 g burtă de porc, feliată subțire
15 ml/1 lingura sos de soia
60 ml / 4 linguri de coniac
sare si piper proaspat macinat
4 salote, tocate marunt

Se aduce la fierbere, se adaugă sfecla roșie și carnea de porc, se acoperă și se fierbe timp de 20 de minute până când sfecla roșie este fragedă și carnea este fiartă. Amestecați sosul de soia și țuica după gust. Gatiti pana se fierbe. Se serveste presarata cu salota.

*Potaje*

## Porti 4

*6 ciuperci chinezești uscate*
*1 l / 1¾ pt / 4¼ cani supa de legume*
*50 g muguri de bambus tăiați fâșii*
*50 g de castane, tăiate felii*
*8 mazăre de zăpadă (fasole), feliată*
*5 ml / 1 linguriță sos de soia*

Înmuiați ciupercile în apă caldă timp de 30 de minute, apoi scurgeți-le. Scoateți tulpinile și tăiați capacele în fâșii. Adăugați-le în bulion împreună cu lăstarii de bambus și castanele de apă și aduceți la fierbere, acoperiți și gătiți timp de 10 minute. Adăugați sosul de soia și sosul de soia, acoperiți și gătiți timp de 2 minute. Se lasa sa se odihneasca 2 minute inainte de servire.

*Supa de legume*

**Porti 4**

¼ de varză

2 morcovi

3 tulpini de telina

2 cepe primare (salote)

30 ml / 2 linguri ulei de arahide (arahide).

1,5 L / 2½ puncte / 6 căni de apă

15 ml/1 lingura sos de soia

15 ml / 1 lingura vin de orez sau sherry uscat

5 ml/1 lingurita de sare

piper proaspăt măcinat

Tăiați legumele fâșii. Încinge uleiul și prăjește legumele timp de 2 minute până încep să se înmoaie. Adăugați restul ingredientelor, aduceți la fiert, acoperiți și fierbeți timp de 15 minute.

*Supa de nasturel*

## Porti 4

*1 L / 1¾ pt / 4¼ cani supa de pui*
*1 ceapa, tocata marunt*
*1 tulpina de telina, tocata marunt*
*225 g de nasturel, tocat grosier*
*sare si piper proaspat macinat*

Aduceți bulionul, ceapa și țelina la fiert, acoperiți și fierbeți timp de 15 minute. Se adaugă cresonul, se acoperă și se fierbe timp de 5 minute. Asezonați cu sare și piper.

*Pește prăjit cu legume*

## Porti 4

*4 ciuperci chinezești uscate*
*4 pesti intregi, curati si fara solzi*
*uleiul prajit*
*30 ml / 2 linguri faina de porumb (amidon de porumb)*
*45 ml / 3 linguri ulei de arahide (arahide).*
*100 g muguri de bambus tăiați în fâșii*
*50 g castane de apă tăiate fâșii*
*50 g varză chinezească, tocată*
*2 felii de rădăcină de ghimbir, tocate*
*30 ml / 2 linguri de vin de orez sau sherry uscat*
*30 ml / 2 linguri de apă*
*15 ml/1 lingura sos de soia*
*5 ml/1 lingurita de zahar*
*120 ml / 4 fl oz / ¬Ω cană de stoc de pește*
*sare si piper proaspat macinat*
*¬Ω cap de salata verde, maruntita*
*15 ml / 1 lingura patrunjel plat tocat*

Înmuiați ciupercile în apă caldă timp de 30 de minute, apoi scurgeți-le. Scoateți tulpinile și tăiați capacele. Se presara jumatate peste peste

făină de porumb și scuturați excesul. Se încălzește uleiul și se prăjește peștele aproximativ 12 minute până este fiert. Se scurge pe hartie de bucatarie si se tine la cald.

Se incinge uleiul si se prajesc ciupercile, lastarii de bambus, castanele de apa si varza timp de 3 minute. Adăugați ghimbir, vin sau sherry, 15 ml / 1 lingură apă, sos de soia și zahăr și amestecați timp de 1 minut. Turnați bulionul, sare și piper, aduceți la fiert, acoperiți cu un capac și fierbeți timp de 3 minute. Amestecați amidonul de porumb cu apa rămasă, turnați în tigaie și fierbeți, amestecând continuu, până când sosul se îngroașă. Întindeți varza pe o masă și puneți pestele deasupra. Se toarna peste legume si sos si se serveste ornat cu patrunjel.

## Pește întreg copt

### Porti 4

*1 biban mare sau pește similar*
*45 ml / 3 linguri faina de porumb (amidon de porumb)*
*45 ml / 3 linguri ulei de arahide (arahide).*
*1 ceapa, tocata*
*2 catei de usturoi, macinati*
*50 g sunca taiata fasii*
*100 g creveți decojiți*
*15 ml/1 lingura sos de soia*
*15 ml / 1 lingura vin de orez sau sherry uscat*
*5 ml/1 lingurita de zahar*
*5 ml/1 lingurita de sare*

Acoperiți peștele cu amidon de porumb. Se incinge uleiul si se caleste ceapa si usturoiul pana devin aurii. Adăugați peștele și prăjiți până devine auriu pe ambele părți. Transferați peștele pe folie de aluminiu într-un vas rezistent la cuptor și decorați cu șuncă și creveți. Adăugați în tigaie sos de soia, vin sau sherry, zahăr și sare și amestecați bine. Se toarnă peste pește, se acoperă cu folie și se coace în cuptorul preîncălzit la 150¬∞C / 300¬∞F / setarea gaz 2 timp de 20 de minute.

*Pește de soia la abur*

Porti 4

*1 biban mare sau pește similar*

*sare*

*50 g / 2 oz / ¬Ω cană făină simplă (universal).*

*60 ml / 4 linguri ulei de arahide (arahide).*

*3 felii de rădăcină de ghimbir, tocate*

*3 cepe primare (castron), tocate*

*250 ml / 8 fl oz / 1 cană apă*

*45 ml / 3 linguri de sos de soia*

*15 ml / 1 lingura vin de orez sau sherry uscat*

*2,5 ml / ¬Ω lingurita zahar*

Curățați, curățați și tăiați peștele în diagonală din ambele părți. Se presară cu sare și se lasă să se odihnească 10 minute. Încinge uleiul și prăjește peștele până se rumenește pe ambele părți, întorcându-l o dată și stropește ulei în timpul gătirii. Adăugați ghimbirul, ceapa primăvară, apa, sosul de soia, vinul sau sherry și zahărul, aduceți la fiert, acoperiți și gătiți timp de 20 de minute până când peștele este gătit. Serviți cald sau rece.

*Pește de soia cu sos de stridii*

Porti 4

*1 biban mare sau pește similar*

*sare*

*60 ml / 4 linguri ulei de arahide (arahide).*

*3 cepe primare (castron), tocate*

*2 felii de rădăcină de ghimbir, tocate*

*1 cățel de usturoi, presat*

*45 ml / 3 linguri sos de stridii*

*30 ml/2 linguri de sos de soia*

*5 ml/1 lingurita de zahar*

*250 ml / 8 fl oz / 1 cană bulion de pește*

Curățați și jupuiți peștele și tăiați în diagonală de câteva ori pe fiecare parte. Se presară cu sare și se lasă să se odihnească 10 minute. Încinge cea mai mare parte din ulei și prăjește peștele până devine auriu pe ambele părți, întorcându-l o dată. Între timp, încălziți restul de ulei într-o tigaie separată și prăjiți ceapa primăvară, ghimbirul și usturoiul până devin aurii. Adăugați sosul de stridii, sosul de soia și zahărul și prăjiți timp de 1 minut. Adăugați bulionul și aduceți la fierbere. Se toarnă amestecul în peștele prăjit, se aduce din nou la fiert, se acoperă și se fierbe cca.

15 minute până când peștele este gătit, întorcându-se o dată sau de două ori în timpul gătirii.

*Biban prăjit*

Porti 4

*1 biban mare sau pește similar*
*2,25 l / 4 bucăți / 10 căni de apă*
*3 felii de rădăcină de ghimbir, tocate*
*15 ml/1 lingura de sare*
*15 ml / 1 lingura vin de orez sau sherry uscat*
*30 ml / 2 linguri ulei de arahide (arahide).*

Curățați, curățați și marcați peștele în diagonală de câteva ori pe ambele părți. Aduceți apa la fiert într-o oală mare și adăugați celelalte ingrediente. Se pune pestele in apa, se acopera bine, se stinge focul si se lasa sa se odihneasca 30 de minute pana ce pestele este fiert.

*Pește fiert cu ciuperci*

Porti 4

*4 ciuperci chinezești uscate*
*1 crap mare sau pește similar*
sare
*45 ml / 3 linguri ulei de arahide (arahide).*
*2 cepe primare (ceapa tocata).*
*1 felie radacina de ghimbir, tocata*
*3 catei de usturoi, macinati*
*100 g muguri de bambus tăiați în fâșii*
*250 ml / 8 fl oz / 1 cană bulion de pește*
*30 ml/2 linguri de sos de soia*
*15 ml / 1 lingura vin de orez sau sherry uscat*
*2,5 ml / ¬Ω lingurita zahar*

Înmuiați ciupercile în apă caldă timp de 30 de minute, apoi scurgeți-le. Scoateți tulpinile și tăiați capacele. Tăiați peștele în diagonală de câteva ori pe ambele părți, stropiți cu sare și lăsați să stea 10 minute. Încinge uleiul și prăjește peștele până devine auriu pe ambele părți. Adăugați ceapa primăvară, ghimbirul și usturoiul și prăjiți timp de 2 minute. Adăugați celelalte ingrediente, aduceți la fierbere, acoperiți şi fierbeţi timp de 15 minute până când peştele este gătit, întorcându-se o dată sau de două ori şi amestecând din când în când.

*Pește dulce și acru*

Porti 4

*1 biban mare sau pește similar*

*1 ou, batut*

*50 g faina de porumb (amidon de porumb)*

*Prăjiți uleiul*

Pentru sos:

*15 ml/1 lingura ulei de arahide (arahide).*

*1 ardei verde, tăiat fâșii*

*100 g de conserva de ananas în sirop*

*1 ceapă, tăiată felii*

*100 g / 4 oz / ¬Ω cană de zahăr brun*

*60 ml / 4 linguri supa de pui*

*60 ml / 4 linguri de otet*

*15 ml / 1 lingură pastă de tomate √ © e (paste)*

*15 ml / 1 lingură făină de porumb (amidon de porumb)*

*15 ml/1 lingura sos de soia*

*3 cepe primare (castron), tocate*

Curățați peștele și îndepărtați aripioarele și capul, dacă doriți. Se toarnă în oul bătut și apoi în amidonul de porumb. Se încălzește uleiul și se prăjește peștele până este fiert. Se scurge bine si se tine la cald.

Se incinge uleiul pentru sos si se prajesc ardeii, ananasul scurs si ceapa timp de 4 minute. Se adauga 30 ml/2 linguri sirop de ananas, zaharul, bulionul, otetul, pasta de rosii, amidonul de porumb si sosul de soia si aducem la fiert, amestecand continuu. Gatiti, amestecand continuu, pana cand sosul se limpezeste si se ingroasa. Se toarna peste peste si se serveste presarat cu ceapa primavara.

*Pește umplut cu carne de porc*

**Porti 4**

*1 crap mare sau pește similar*

*sare*

*100 g carne de porc tocata (tocata).*

*1 ceapa primavara (ceapa), tocata*

*4 felii rădăcină de ghimbir, tocate*

*15 ml / 1 lingură făină de porumb (amidon de porumb)*

*60 ml/4 linguri de sos de soia*

*15 ml / 1 lingura vin de orez sau sherry uscat*

*5 ml/1 lingurita de zahar*

*75 ml / 5 linguri ulei de arahide (nuci).*

*2 catei de usturoi, macinati*

*1 ceapa, tocata*

*300 ml / ¬Ω pt / 1¬° căni de apă*

Curățați, curățați și presărați sare peste pește. Amestecați carnea de porc, ceapa primăvară, puțin ghimbir, amidonul de porumb, 15 ml / 1 lingură sos de soia, vinul sau sherry și zahărul și folosiți pentru a umple peștele. Se încălzește uleiul și se prăjește peștele până se rumenește pe ambele părți, apoi se scoate din tigaie și se toarnă cea mai mare parte din ulei. Se adauga restul de usturoi si ghimbir si se prajesc pana devin aurii.

Se adauga restul de sos de soia si apa, se aduce la fiert si se fierbe 2 minute. Întoarceți peștele în tigaie, acoperiți și gătiți timp de aproximativ 30 de minute până când peștele este gătit, întorcându-l o dată sau de două ori.

*Crap picant la abur*

Porti 4

*1 crap mare sau pește similar*
*150 ml / ¬° pt / cană generoasă ¬Ω ulei de arahide (nuci).*
*15 ml/1 lingura de zahar*
*2 catei de usturoi, tocati marunt*
*100 g muguri de bambus, tăiați în felii*
*150 ml / ¬° pt / bun ¬Ω cană de supă de pește*
*15 ml / 1 lingura vin de orez sau sherry uscat*
*15 ml/1 lingura sos de soia*
*2 cepe primare (ceapa tocata).*
*1 felie radacina de ghimbir, tocata*
*15 ml/1 lingura otet de vin sarat*

Curățați, curățați și înmuiați peștele în apă rece timp de câteva ore. Scurgeți și uscați, apoi întindeți de câteva ori pe fiecare parte. Încinge uleiul și prăjește peștele până devine auriu pe ambele părți. Scoateți din tigaie și turnați și rezervați totul, cu excepția 30 ml / 2 linguri de ulei. Adăugați zahărul în tigaie și amestecați până se întunecă. Adăugați usturoiul și lăstarii de bambus și amestecați bine. Adăugați restul, aduceți la fierbere, puneți peștele înapoi în tigaie, acoperiți și gătiți aproximativ 15 minute până când peștele este fiert.

Aranjați peștele pe o farfurie caldă și turnați sosul peste el.

www.ingramcontent.com/pod-product-compliance
Lightning Source LLC
Chambersburg PA
CBHW050159130526
44591CB00034B/1379